紙上風雲

高信疆

季季　郝明義　楊澤　駱紳　編

前言

高信疆先生走了之後，一些朋友想到為他出一本書，並推派我們代表編輯。

我們想，這本書的內容，應該按高先生人生幾個不同階段來進行，再找出其中的重要事件，主要邀請曾經參與其中，或者相關的人士來寫作。

我們希望這本書，能浮現出高信疆在一件件特定事情，或特定時間點上的身影。因為，高信疆最令人懷念的是他的一些堅持。不論是工作方法，或是與人來往，或是面對抉擇的一些堅持。

如果回憶他的人可以把自己記憶中這些意義深遠的時刻寫下來，一個個時刻串連起來，就更能讓識與不識高信疆的人，更能具體地體會他走過的路。後來的人，也能看到曾經有一個人，如此工作、生活、相信過的精神樣貌。

是這些人的記憶與文字，使這本書有了生命。

高夫人與高二哥提供的圖像，使書中的文字有了更多的補充與展延。

霍榮齡的設計，使文字與圖像結合出光彩。

楊麗娟、葉匡時、大塊文化，則贊助這本書出版。以上均致以感謝之意。

編者
季季　郝明義　楊澤　駱紳
二〇〇九年七月十八日

目錄

◉飛雲

◉卷雲

白雲

天涯無涯
我是跨越無涯的一則傳說
——高上秦〈鷹〉

父親高立德一九〇〇～一九四四
祖籍河南省武安縣，畢業於北大農學院森林系
一九二五年結婚，
於農業部西北移民處長任內因公辭世。這是他
一九二六年擔任黑龍江省齊齊哈爾市「甲種農校」校長時的英姿。

母親冀惠生一九〇六～一九九四

祖籍河南省武安縣，畢業於河南大學醫學院產科，
是舊時代的新女性
一生協助無數新生命「叩訪人間」。
她幼年曾被母親纏足，讀小學時獲父親協助放足；
一九二九年就讀河南大學時已有一雙健步如飛的解放腳。

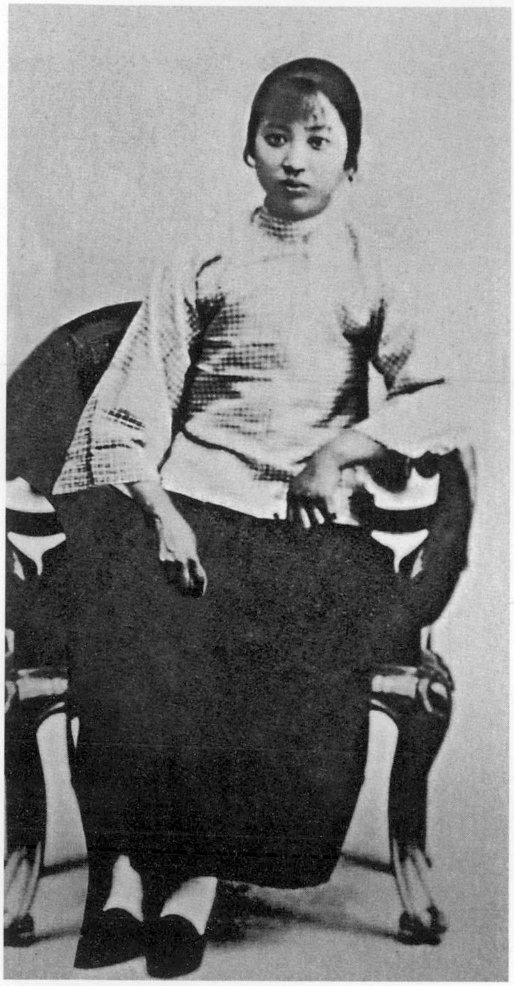

尚未來到人間 上圖

一九四三年夏，母親（中）與大姊信豫（左起）

三哥信鄧 二哥信譚 大哥信鄭

河南鄧縣

就快來到台灣 下圖

一九四九年冬天，五歲的高信疆

四川成都

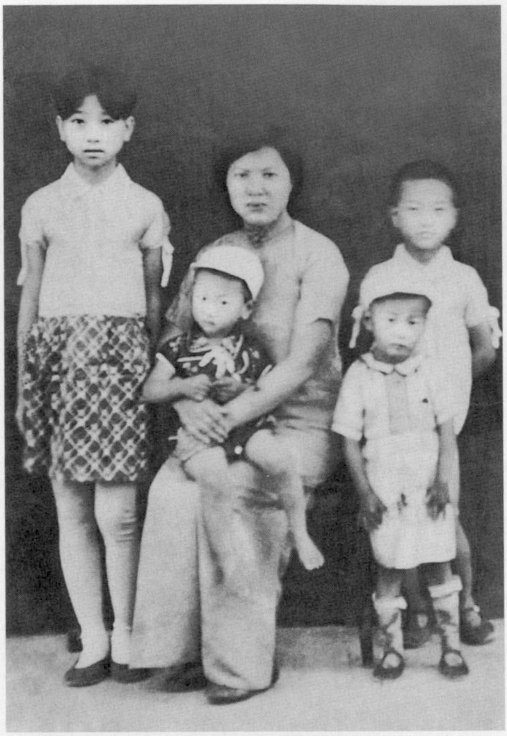

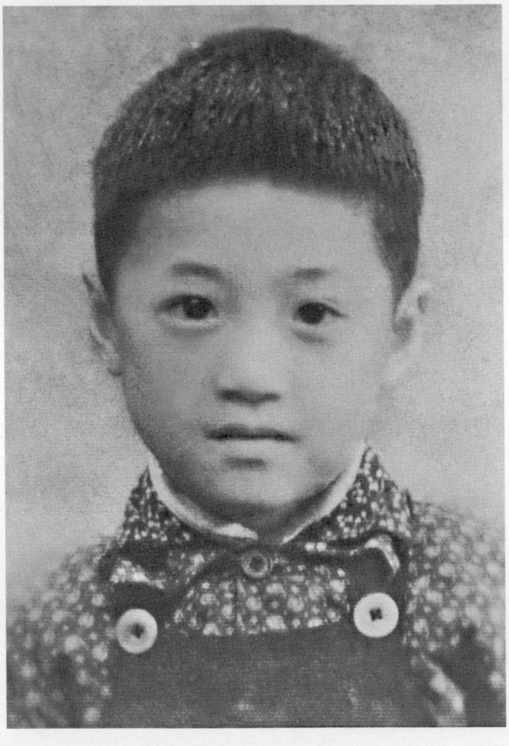

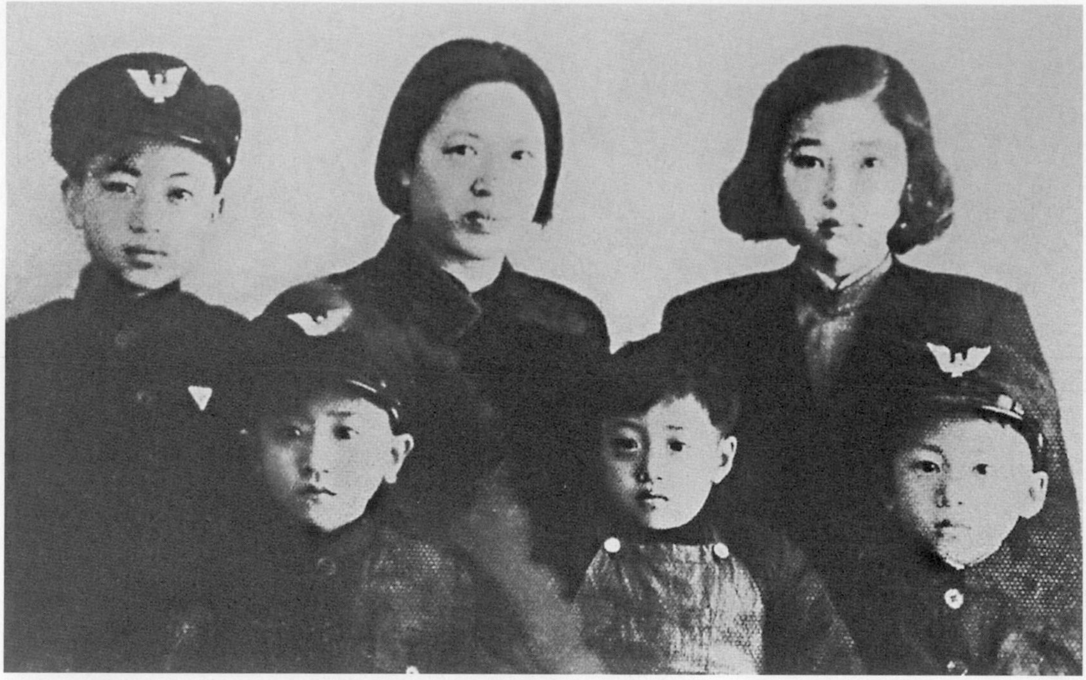

西安時期全家福

一九四八冬

左起：信鄭　信鄧　母親　信疆　信豫　信譚

會彈吉他了

一九五九年秋，台中二中高一。

左頁上圖／

叩訪心目中的民主殿堂

一九五九年春

初一學生高信疆(右)

跟隨兄長到台灣省政府

所在地中興新村，

並於台灣省議會前留影。

左起：信鄭　信譚　信鄧　友人。

左頁下圖／

穿上軍服意氣揚

一九六七年

高雄縣鳳山

步兵學校。

未來是一條怎樣的路呢？一九六六年春，大三的華岡才子。

上圖／

終於大學畢業了 一九六七年夏

大哥二哥聯袂來賀：二哥當時在土耳其留學。

左起：信鄧　信鄭　信疆

中圖／

我在等著她 一九六八年夏

柯元馨（左）大學畢業，兩人與老師鄭貞銘（中）合影。

下圖／

男兒當自強 一九六八年春

高信疆（左二）與中壢第一士官學校軍中袍澤合影。

白雲

我們結婚了！

一九七〇年一月二十五日

台北市南京東路

雲海酒店

我們有了小士軒

一九七二年夏於台北市國父紀念館前

母親七十大壽

前排左起：大哥信鄭　外甥女張志齊　大姊信豫

母親　友人馮先生抱外甥張志平

大嫂孫長青；

後排左起：二哥信譚　柯元馨　高信疆

三哥信鄧　三嫂朱碧明

當我們同在一起

一九八七年九月

母親八十二歲生日

左起：高信疆　柯元馨　三嫂　三哥

大姊　母親　大嫂　大哥

二嫂李維維　二哥

懷念小弟信疆

高信譚

今年四月底小弟信疆的病情急速惡化以前，我和大哥信鄭、三弟信鄧一起到醫院看他，當時他的精神還好，看到我們顯得很高興。但是他說體力不好，無力說很多話，叫我們說給他聽就好。我們告別時，大哥他們先離開，我對他說「下次再來看你」時，他的頭轉向門口我站的地方，好像有話要說又無從說起的樣子，迷茫的看著。我走了幾步再回頭揮揮手，他還是那樣的看著。就那樣三走三回頭，我看著信疆的眼睛，想著的都是信疆小時候的樣子。

五月三日、四日再去看信疆時，他已戴上了氧氣罩，很痛苦的呼吸著。五月五日晚間九時二十四分，信疆走完他六十五年艱苦備嘗、刻苦奮鬥，但是又光華四射的一生。

·

一九四四年三月三日，畢業於北大農學院的先父立德公，在農林部西北移民處處長任內，不幸以望五之英年因公殉職。那一年，畢業於河南大學醫學院婦產部的先母冀惠生，也才三十多歲。六月，先母帶領我們全家從河南鄧縣前往西安投奔三爺智怡公，三爺要先母去他所開設的醫院做產科醫生，但是所搭乘的貨運卡車行經陝西藍田時翻車，先母右腳腳踝碎裂。其時先母已懷胎九個月；腹中的胎兒就是小弟信疆。而且奇蹟似的，信疆毫髮無傷。

抵達西安後，六月二十四日那天，先母在三爺的醫院待產，我記得那天晚上日本飛機來空襲，拉了警報以後，媽媽叫我們兄弟跟著大姊去躲警報。警報解除後，我回到媽媽的房間倒頭就睡，朦朧中聽到嬰兒的哭聲，一驚而起，一看枕邊多了一個小孩兒；就是我們的小弟信疆。那時我五歲。

信疆幼時不吵不鬧，很是乖巧溫和，有時家中無人，他也能自得其樂自己玩耍。稍大以後，他就和我們幾個兄弟一塊兒到我們家後面的大林場爬樹戲水，春天時到麥田裡打滾、摘槐花兒、採榆錢兒回家蒸來吃，也採桑養蠶；冬天時到後面柏樹林玩雪滑冰，好不快活。

那時抗日戰爭結束不久，經濟凋敝，沒有小孩讀書的幼兒園，我們幾個哥哥都在讀小學，信疆常常跟我們到西安西關的安定小學去玩，有時也到教室當旁聽生，就這樣慢慢學會認字。

・

一九四九年國共戰爭在大陸接近尾聲，國軍失利，政府軍大撤退，先母帶領我們全家分乘兩輛車，從西安往成都逃難。路過四川劍閣時，山路陡窄難行，大哥三弟他們乘坐的卡車倒沒事，我和先母、大姊、信疆乘坐的吉普車卻剎車失靈，從高處滑下山坡，我跳車滾落路邊，先母因爲信疆和大姊還在車裡，抓緊車門扶手不放，結果隨車滑向山澗，右腿肌肉幾乎磨掉大半。慈母至愛，令人難忘。車落山澗後，大姊只受輕傷，信疆則額頭破一大洞，右上臂折斷，我們只得暫居劍閣，爲信疆醫治斷臂。幸虧找到一位好中醫，以他自製的膏藥敷臂，再用竹片夾穩。過了兩周，情況大致穩定，我們才再上路，到成都後手臂就漸漸好了。因爲中醫不用動手術就治好了信疆的斷臂，所以他在以後數十年的日子裡，都一直支持傳統中國醫學的研究和發展。

在成都郊區居住的半年多裡，信疆正式學會了游泳和讀書，他最擅長游蛙式，應該算是泳技高超。可惜中年以後，他的生活方式轉趨靜態閱讀和沉思冥想，反倒很少游泳了。

・

一九四九年十二月底，政府從四川全面撤退，時任空軍運輸和後勤司令的徐煥昇將軍，爲感念先母長期爲空軍眷屬的醫療照顧，特別批准我們全家搭承空軍運輸機，從新津機場直飛台灣嘉義。抵台以後，我們暫居台中縣大雅鄉清泉崗。清泉崗在大度山坡上，環境很是荒涼，遍地只見旱田裡的地瓜藤和甘蔗。後經親戚幫忙，才遷到水湳機場附近定居。

水湳地勢平坦，四郊風光秀麗，我們兄弟常在竹林和小溪邊玩耍。那時候台灣很窮，大家都過苦日子，三弟信鄧秉性勤儉又特別孝順，有時養雞養鴨會拿到市場去賣，我和信疆也跟著去叫賣。那眞是一段寶貴的回憶。

沒多久我們都到台中市空軍子弟小學讀書。因爲幾個哥哥的功課都不錯，信疆覺得壓力很大，也特別用功，小學時的成績一直維持著前四名。考進省立台中二中以後，信疆在文科方面表現特別突出，常常在作文比賽中出人頭地，偶而也在報紙的副刊發表文章，很得同學推崇。

少小時期的信疆不是一個滔滔雄辯的人，甚至可說拙於言詞。但是在我們大哥信鄭的調教之下，他苦讀詩詞歌

「看我們四兄弟！」一九四七、西安。左起信鄭 信譚 信疆 母親 信鄧

賦和古今名著，日日背誦名人演講稿，刻苦自勵的結果，變成了條理分明用辭精準的演說者，這是在他幼小時誰都意想不到的。

．

信疆生性和平，平時隱忍不發，對於不平之事看似逆來順受的好好先生，但是一旦爆發必然動手，這種處理事情的方法，在他成年以後我們才慢慢注意到。這種先隱忍後爆發的個性，對他的健康一定有很大的傷害。一個人心中有氣，或起而爭之，或棄而忘之，則屬上佳，但憋在心中則怒，心中時時有一把火，到了老年壯志未酬，不順心的事情逐漸多了，心中有好幾把火在燒烤，豈不可怕！

信疆從小對於社會上貧富不均弱肉強食的現象強烈不滿，但是從沒有過反社會的激烈行爲。我台中二中畢業就公費出國留學，有幾年時間沒見到他。一九七六年回國後，他已從文化大學新聞系畢業並做了「人間」副刊主編。有次閑談，他突然對我透露，從高中到大學畢業，他曾找過幾個意氣相投的朋友，準備「大幹一場」。至於幹什麼或怎麼幹，他並沒有詳細說明，後來也不曾再聽他提起。如今只有留待他日，在另一個世界和他相會時才能弄明白了。

．

信疆五十歲以後還有個大計畫，想整編一套大部頭的書，內容是有關一百年以來中國文化思想的衝突和整合。可惜，天不假年，對信疆個人和我們的國家都是大遺憾！

我的第一個童年玩伴

尹章義

高信疆是我的第一個童年玩伴。

一九四九年是個大動盪的年代；國共內戰已經出現決定性的局面，大量不願意接受共產黨統治的人民，湧向台灣。那年年底，我家搭乘最後一艘軍艦，離開海南島的榆林港在高雄登陸，那已經是從武漢到衡陽，從衡陽到九龍，又從九龍到海南島三亞之後的事了。那年我六歲。

一九五〇年春，剛過完陰曆年，我家又從高雄搬到台中水湳，投奔服役於空軍的大伯父，住在離水湳機場不遠的小街上。所謂小街，只不過是在空軍的下石碑眷區和水湳東、西村眷區之間的小路上，當時搭建的十幾戶茅草屋，住戶多半不是空軍眷屬而是和空軍有關的親戚、朋友。

高家和我們尹家是鄰居，其實只是隔了一道糊上泥土的竹籬笆，別說是呼喚叫罵，就算是悄悄話也聽得一清二楚。信疆和我同年，很自然的就成爲我的第一個玩伴。高家的哥哥除了信鄧哥偶而逗逗我們，說兩個故事之外，信譚、信鄭都是可望不可及的大人。再往下石碑過去四五戶是葛家，葛立堂就是我的第二個玩伴。

高家聚居水湳的族親不少，我家斜對門的高家小舖—其實不小，兩間店面，是當時水湳最大的商店—和相距五、六十公尺外的高家醬園主人，都是信疆的伯伯和叔叔。

信疆、立堂和我一起唸台中空軍子弟小學，因爲離家最近的四民國小和西屯國小都在五、六里之外，空小雖然遠一點，卻有空軍的便車可搭。每天清晨，軍隊從機場出發到各眷區接軍人上班之前，順道送我們上學。我們在西村前面的廣場候車，一路高唱「空軍軍歌」、「保衛大台灣」和「反攻！反攻大陸去！」直到學校。學校的老師和同學們來自四面八方，語言自是南腔北調無所不包。

台中空小的校址原先是日本人的神社，當時改稱忠烈祠，祠後堆起的土丘，我們稱之爲「後山」，後山上的知了（蟬）、含羞草和接龍草（木賊）就成爲我們的課後玩具。我的個性有點大而化之；信疆、立堂比較文靜。每每我在學校受到處罰，他們回家告狀，免不了一頓重責，我對這兩位童年玩伴，總是又愛又恨。

小學畢業，我們同時考上省立台中二中，在很多比賽的場合，我們成爲競爭對手。那個年頭，孩子們訴說自己的志向，多半是要當總統；不知道是什麼原因，我們三個人都希望從事新聞事業，後來，立堂考上政大新聞系；信疆考上中國文化大學新聞系，我則進了輔大史學系。當時高家已經搬到練武路，我們又不同班，下課之後大家總要小聚一下，談天說地，大發議論，似乎已經是名記者、評論家。或許由於我們事事關心而荒廢了學業，三個人也相繼成爲留級生。

我家開設彈子房（撞球場），出入份子比較複雜，高中進了市立一中；信疆和立堂都考進省二中。從市一中回家的路上，我常彎進省二中去探訪他們，逐漸發現，隨著年齡增長，立堂日趨保守，信疆成爲樂觀的改革派，而我則趨向激烈的革命派。對於國民黨和時局的變化，我們的觀點也出現極大歧異，往往相持不下、不歡而散。

高三那年，信疆給了我一封長信，告訴我，他要發起青年自覺運動，希望我能呼應。我趕回省二中，拉著他到大操場中間（怕人監聽），告訴他：我對國民黨徹底絕望，青年自覺運動縱使成功，也不過成爲國民黨的工具。信疆堅決地表示，他只做他想做的事，和國民黨無關；和中國青年人的品質相關和中國的前途相關。他找了一批同志，寫海報，發表文告，四處投書鼓吹青年自覺，轟轟烈烈；我則袖手旁觀，拼命唸書，準備考大學。雖然父母親認爲我鬼混多年，要考上大學，不啻癡人說夢，我也心無旁騖，因爲我知道，考上大學正是漫漫長路的起步。

發起青年自覺運動，確定了信疆一生的道路；沒有參加他的青年自覺運動，也確定了我和童年玩伴分道揚鑣，走自己的路。成年之後。我們各自擁有一片天，信疆偶而也邀我和他合作，終究找不到合適的題目。

元馨告訴我，信疆走了。

信疆唸新聞系，進《中國時報》，在新聞界、藝文界叱吒風雲以及近年回大陸發展的事蹟，大家都耳熟能詳；他青少年時代的往事，恐怕識者不多，尤其是他決定一生的道路的關鍵時刻。雖然沒有和他並肩而行，留下些許遺憾；對於他的成就卻與有榮焉。

信疆是我童年玩伴也是終身摯友。我們一起度過這個中國最動盪的年代，我們也在各自的道路上爲中國的富強、和平，中國人的幸福、精進努力過，親眼目睹中國的欣欣向榮和兩岸融合的前景，信疆應該是了無遺憾，一路好走。

永遠的華岡才子

鄭貞銘

作爲文大新聞系的標竿人物，高信疆是新聞教育的驕傲；他走了，也成爲無可補償的損失。

信疆是台中二中畢業，高中聯考，意外失利，沒能進入名校，大學則進了剛成立的文大新聞系。進入華岡的一周，我要學生寫篇個人小傳，當我看到信疆的作品時，大吃一驚，那洋洋灑灑的文字中，充滿了文化人的瀟灑不拘，我不敢相信這是剛入學的學生所寫出來的。當晚，我把這篇作品帶到我服務的中央日報採訪組給記者們傳閱，大家都讚嘆不已。

外表上，他是過得隨心而逍遙的，然而在內心裡卻是千思百轉，對社會、對文化、對人生，充滿了無數的想法，他曾經窮得沒錢註冊，不得已去找老師，竟也感動了老師，預支薪水給他註冊。

從大一到大二，不論他是否願意，總是被他的同學推舉出來，參加校內外的各種活動。這時的他，充滿俠情豪語、已是玉樹臨風的翩翩少年了。他的好友就曾開玩笑說：「你長得太帥氣了，帥氣得使人忽略了你的才情，忽略你木訥溫厚的本質。」

他被公認爲「華岡新聞系第一美男子」，也被譽爲「文大十大才子」。這樣的一個美少男，追求他的女孩自然很多，甚至有外校的校花，可他卻獨鍾情美麗的新聞系學妹柯元馨，他們一見鍾情，相愛到老，是華岡新聞系愛情故事中的美談之一。

信疆對大學教育充滿理想與期待，部份來自新聞界兼職的老師，有時因實務工作繁忙，而匆匆的來去，那種師生間因知識辯論而火花撞擊的事，是信疆心中的夢，他因而失望地在文大新聞系獨創「月記」中寫道：「老師的冷漠是學生心靈永遠的痛」。看到這句話時，我震撼不已，我當時負責文大新聞系的事務，不僅把他的這句話，給許多老師們過目，而且也決心作一個熱情的老師，不再使學生的學習變成孤獨無依。

一九八七年六月十日，信疆寫了一幅對聯給我祝壽，這麼多年來，我一直視爲珍寶。對聯說：「老師布局，天下一輪明月，萬里青空觸眼明，將遇良才；學生運子，世事皆沐春風，千尺絳帳拂面輕，馬逢伯樂。」

信疆的年齡比我小不到幾歲，我們意氣相投。他在華岡新聞系四年，在名師彭歌、琦君、黃肇珩等教導下，帶動文潮，使許多學弟妹受其影響，華岡新聞系培養了許多在文學、在副刊上表現卓越的校友。如梅新、劉菊英（六月）、陳長華、張逸東、宋晶宜、丘彥明、劉克襄、駱紳、趙俊邁等，他們不僅是寫作能手，而且在主編各報副刊期間，頻頻得獎，華岡新聞系成爲副刊人才的培養搖籃，在台灣報紙的副刊史上寫下燦爛的史頁。

高信疆一踏入社會就進入中國時報，一九七三年接任「人間」副刊主編，這個時候的他，不再是夕陽下憑欄的青衫少年，而是深具使命感的儒編。在他的倡導下，現代詩論戰、鄉土文學、報導文學、中國大陸抗議文學等相繼發表，同時也爲知識份子提供了大量發言的場地，他並把「企劃觀念」引入副刊，「人間」副刊改革層峰迭起，風雲激盪，影響了整個時代的文化界，他也因此被譽爲「紙上風雲第一人」。

信疆的副刊改革，與他的文學才華、文化使命有關，也與他所受的新聞教育與關懷社會的使命有關。他立意與社會新生力量結合，將內容擴張到小說、散文與詩之外，深深地「擁抱社會」。

他不間歇地舉辦各式各樣的「紙上大展」，推出各有所長的「名家專欄」，創辦全國注目的一年一度、高額獎金的時報文學獎，一代代得獎新人，全成了長期合作者，各個企劃案接踵而出，看得讀者目眩神迷。在那年代，《中國時報》的發行量，居然因副刊而快速成長，這在報業史上是極其罕見的盛事。

李歐梵曾經說，當時國民黨經常會發重金邀請海內外專業人士，爲政府建言，但是國民黨建言會的影響力，不如中國時報的「人間副刊」。

高信疆是個徹頭徹尾的創新者。他改革副刊，不光是內容的擴張與深化，還兼及版面形式的顛覆，在以文字爲主的版面，由專任美術編輯每天依主題配畫。他還打破禁忌，開放編輯權，讓各代設計家登台演出，讀者們每天除了內容的饗宴外，還有視覺上的享受。

民國九十七年二月二十六日，大愛電視台新聞總監湯健明通知我，信疆住入和信醫院；第二天，我即前往探視，那時知道信疆病情的人還很少，我們師生兩人促膝長談，竟達二個小時，從華岡求學到獲時報賞識，與柏楊、李敖等知友相交以及一度擔任香港明報集團編務總裁，馬來西亞星洲日報顧問、爲慈濟編叢書且爲慈濟護校寫校歌，並以高級顧問角色接手北京中國青年報所屬「京萃周刊」編務工作。他眼光閃耀著光芒，充滿著欣慰，而竟不及於自己的病情。

高信疆深耕本土，也關懷大陸，他希望「京萃周刊」是兩岸三地許多人共同發表言論的地方，尤其「京萃」在北京的定位是以年輕世代爲主，他希望兩岸的菁英，都能共同參與這份媒體。李敖曾經稱讚高信疆，「前瞻大陸，回首台灣，人生徜徉至此，亦高人矣！」

信疆投入工作的程度有過五天四夜沒離開過報社的紀錄，疲倦了就趴在桌上睡，請工作夥伴一個小時、兩個小時以後把他叫醒。他說：我一天工作十五個小時以上，爲什麼這麼工作，因爲我讀「狄德羅」的傳記，看他編輯「百科全書」，剛開始有錢支持，幹了幾年以後沒人支持，他一直這麼工作了二十年，最後終於完成「百科全書」的編輯工作，狄德羅有一個工作信念，他認爲自己是在爲人類而工作，所以他才會有巨大的奉獻精神和犧牲精神。狄德羅給他很深的感動，他覺得他是偉大編輯的榜樣。

很多朋友關懷他數十年日夜顛倒的文人生活與菸不離手的習慣，勸他少抽菸，多注意健康。信疆總以「使命感而不甘沉默」回應。他關懷當前道德價值幾近崩潰的台灣社會，強調「道德是明燈」。

他在大陸上也曾寫一本企業的書，寫一個新社會的誕生，但他未署眞名，他也把手邊朋友們送給他的醫學書籍給我看。他說，「我是醫學白癡，有醫書卻極少看，應該痛加檢討改進。」他說高行健、包可華皆得癌都能夠控制，他以「意料之外、情理之中」，表達對自己病情的樂觀。

在文大新聞系的畢業紀念冊上，信疆以「聖河」爲題，寫過一段話：「你的唏噓在於穹蒼亙古的空無，我竟然覺得，我們平凡如斯。我們何曾掌握過一些甚麼呢……錢財、知識、讚譽、學位，這些東西能使得我們富裕嗎？」

作爲一個文人，高信疆是一個韜才雄略有堅毅的戰鬥力及精力充沛，一天當成兩天用的紙上風雲第一人，但是他秉性善良，本質敦厚溫和，他傳承歷史的自覺，使他成爲歷史上不可或缺的人物。

理想仍在，天地就在

阮義忠

在H1N1流感事件、政黨亂象，金融風暴充斥的台灣新聞網當中，突然冒出了一則讓台灣五十歲以上的文化人震驚、惋惜的消息——被譽爲「紙上風雲第一人」的資深報人高信疆病逝。

「七〇年代高信疆以狂狷之姿引領文壇風騷，爲台灣報紙副刊開創出前所未有的格局，屢屢在文化、藝術、思潮上創造議題與風潮。」關於他的報導，佔滿了《中國時報》五月七日的整個文化新聞版以及「人間」副刊，其中有一張照片是我在四十年前幫他拍的。那時，他大學剛畢業沒多久；十九歲的我也才從宜蘭鄉下來到台北，在《幼獅文藝》做總編輯瘂弦的助手。

上班之後，我的第一件重要的工作，就是負責跟一位「總是在最後一分鐘才交稿」的作者催稿；他就是高信疆。我下了公車，按照地址在小巷子裡繞了半天，終於找到了一棟日本式的房子，環境類似北京胡同裡的四合院。那是台灣大學的教職員宿舍，高信疆和他的哥哥也住在這裡。

拉開門就是兩個榻榻米長的雙層大通舖，上面張著幾頂蚊帳。我也不知道要往哪個帳裡找人，只好站在門口喊。一個滿頭亂髮的人掀開蚊帳、探了探腦袋，即使睡眼惺忪，依舊英氣逼人。之後的數十年，我再也沒看過像這樣的高信疆。

知道這位老友接受化療已有一年多，沒能與他見上一面，始終讓我耿耿於懷。回想最後一次與他見面的情境，眞是感慨萬千。那是在二〇〇八年初的北京，我拿著朋友給的電話號碼試著撥撥看。好幾年沒聯絡了，一通上話，彼此都開心極了，約了在他那北京亞運村附近的寓所見面。

信疆就是信疆，無論在那裡落腳，生活空間都塞滿了書；不是立在書架上，而是一落落地平擺在書桌上，讓人對他最近關切的領域一目了然。他還非要請客，帶我和我的兩位大陸攝影界朋友去了兩個絕妙的、令人歎爲觀止的地方——一處是蓋在蘋果園中的西餐廳，一處是有如漢朝宮殿的現代茶館，把我們震得一愣一愣的。這也是信疆。

四十年來，我們彼此之間愈行愈遠的距離，在那天彷彿又被拉近到像是第一次見面那樣。即使台灣的友人以「失去戰場的將軍」形容信疆，我也很高興的發現，無論在哪裡，他都自有天地。就像他說的「不是性格決定命運，而是理想決定命運」。是啊，只要理想仍在，天地就在。

當年初見面，我就逼他速速盥洗，說寫不出來就用講的，我幫你記錄好了。記得那篇文章是〈林語堂訪問記〉，當下就讓我見證了他文思敏捷、敘述精準的功力。說著說著，我們就拐進了自己的話題。我們所關心的領域處處重疊，對某些事的要求處處比高，簡直就是有知音相遇之感，直到談起音樂。

當時，中國大陸流行以傳統樂器演奏西方曲式結構的「新民族音樂」，但在台灣卻很難聽得到，因爲散播大陸資訊是極爲冒險的事。我常聽一家小唱片公司出版的大陸音樂，而那位老闆後來也入獄了。我對高信疆說，現在大陸音樂作得眞好啊；他不信。我說，不信就來我住的地方聽聽看；於是，我們就放下了「林語堂」，一起到仁愛路四段我租的小房間裡，把門關得緊緊的，用一架破舊的唱機輕聲播放盜版的三十三轉的黑膠唱片。音質不是很好，可是那首二胡與鋼琴的雙重奏「三門峽」顯然把信疆給震住了，直到現在，我都沒忘記他的表情。我們一直聊，聊到他不得不趕去《中國時報》上班；擔任要聞記者是他的第一份差事兒。送他出門時，我望著他的背影，西裝筆挺、油亮的頭髮梳的一絲不亂。這也是高信疆在所有人心目中的標準形象。

一九七三年冬天與阮義忠同遊雙溪公園。

那時，我經常當他和柯元馨的電燈泡。通常情況是，我和元馨在咖啡廳、餐廳或是街頭等他，有時一等就是數小時。他倆要結婚時，我陪著他們去發喜帖，婚禮當天我坐在喜車前座一路放鞭炮。小兩口去度蜜月時，我在他們的客房裡幫忙看家，凍好幾個晚上，卻到處找不到棉被。最後實在受不了，想把床套拉起來蓋，才發現棉被就在下面。這件糗事兒讓信疆大樂，足足跟朋友講了好幾年。

知道他去世的消息後，我開始打電話，聽到的卻老是答錄機的嗶嗶聲，與老友之間的疏離感又浮上心頭；每天副刊上的悼念文章更是加深著這種刺痛。有一天，電話終於通了。元馨說，五月十二日下午兩點，信疆會安土於一個名爲「天境」的基督徒墓園，有空就來送他最後一程吧。讓她最安慰的就是，信疆在生命的最後兩個月終於受了浸，信了基督。

自從台北有捷運後，我就不開車了，費了一番工夫，才弄清楚怎麼搭公車到那個位於金山一帶的墓園。五十人座的巴士上只有我一個人，車子在陽明山國家公園外圍翻山越嶺地繞了兩個鐘頭，才停在一個超現實的荒郊上。烈日當頭，問遍稀落的居民，也沒人曉得那個墓園在哪裡。

終於來到墓園，我已經一身是汗；老遠就看到山丘上的元馨、兩個兒子士軒、英軒以及信疆的哥哥、嫂嫂們，而教會弟兄已經在念最後一句祝禱了。我在他的漢白玉骨灰罈上灑下一把黃土，臉上一片溼答答的，分不清是淚水還是汗水。在那平坦的黑色大理石墓碑上，刻著：高信疆，一九四四年？月？日—二〇〇九年五月五日。淚眼模糊的我沒看清他的出生月日，就那麼走過去了。正如人與人之間，無論多近多遠，多親多疏，都有模糊之處。信疆，好走。

青雲

千尋萬尋
我尋不到一抹孤高的顏色

——高上秦〈鷹〉

到中國時報上班了 一九六八

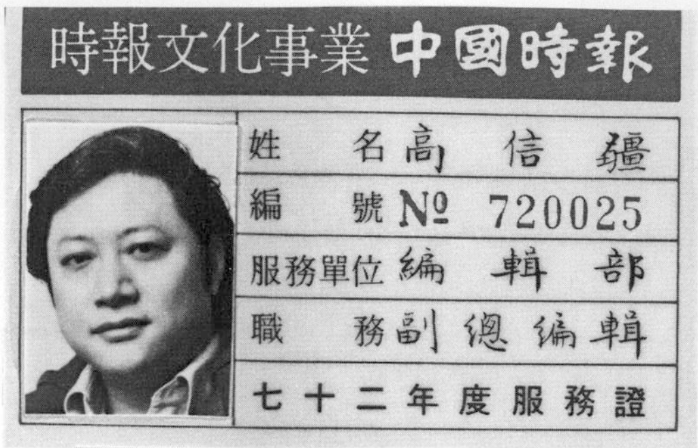

時報文化事業 中國時報

姓　名	高信疆
編　號	№ 720025
服務單位	編輯部
職　務	副總編輯

七十二年度服務證

一九七〇年，在新店家中思索新聞工作的下一步。

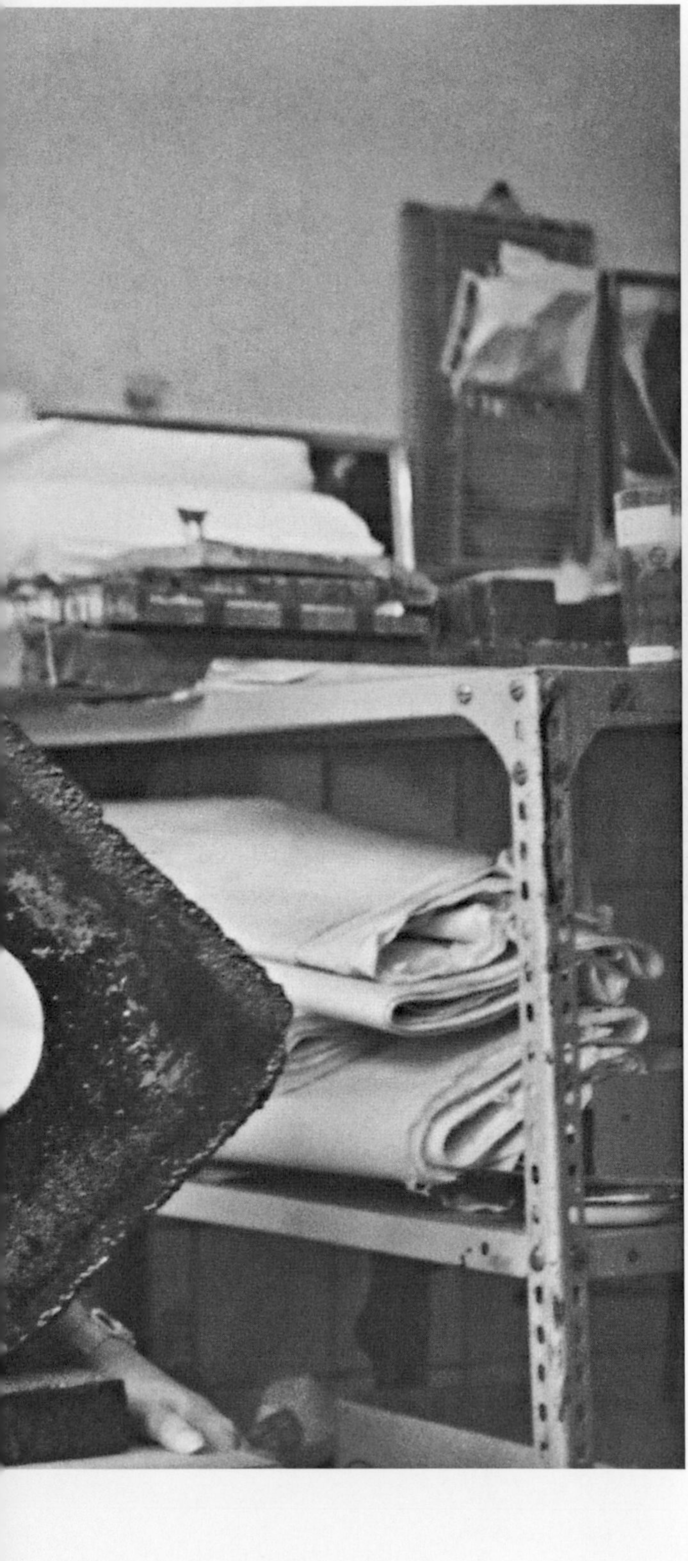

「人間」主編一九七三

上圖／
訪問水墨畫大師張大千。

下圖／
與柯元馨歡迎抽象畫大師
趙無極自巴黎來台。

左頁／
凝視畫家
陳庭詩的雕塑：
「我能為他做什麼？」

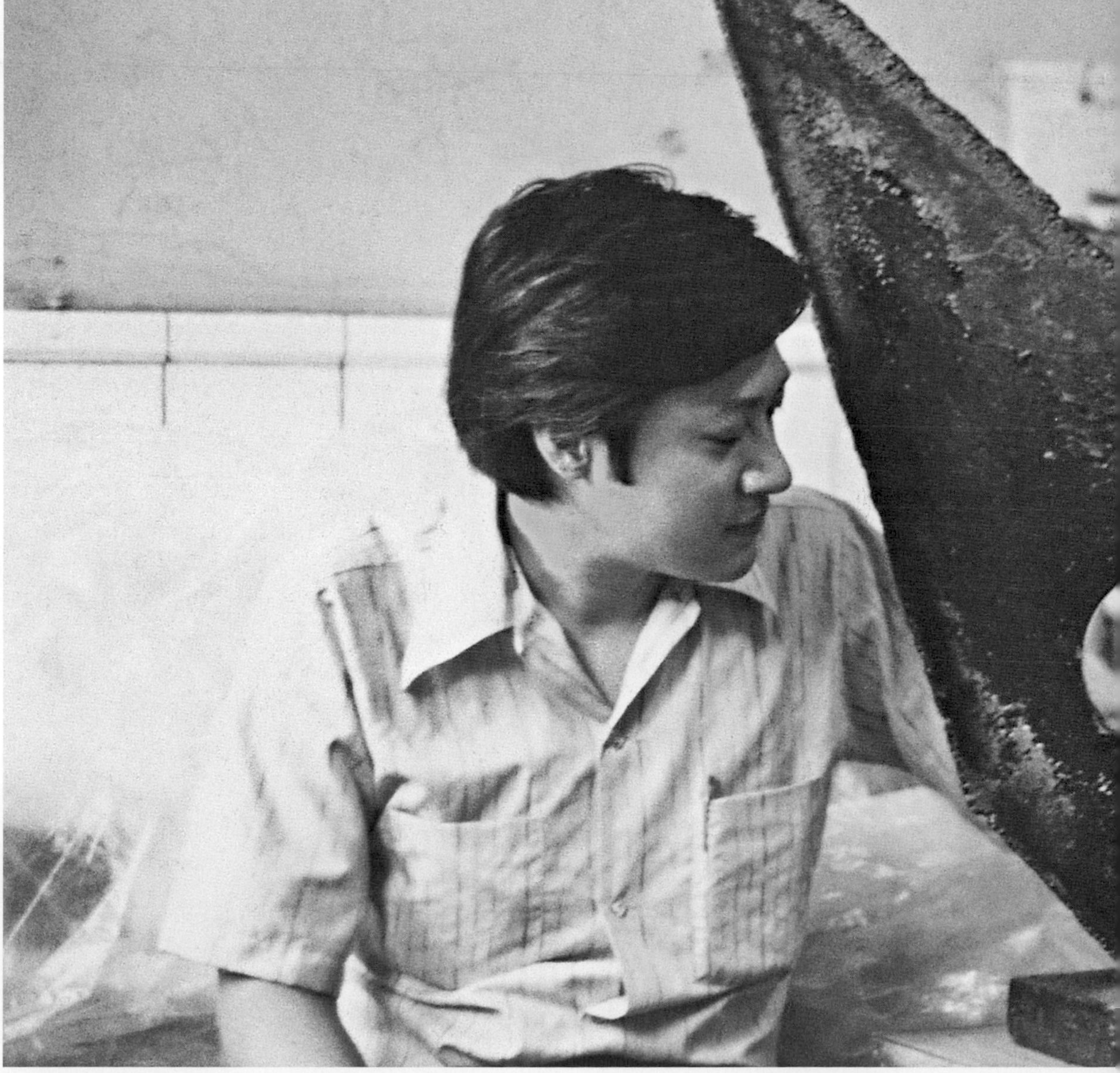

上圖／
走進大學講堂對青年朋友說：
「我們都有一個夢。」

左圖／
遠赴台南南鯤鯓
造訪素人畫家洪通。

右頁上／
在家和從美國返台的歷史學者唐德剛（左）聊天
聽聽他又有什麼史學新發現。

右頁中／
兩代文化人。
前左起：陳之藩　王節如
後左起：高信疆　沈登恩。

右頁下／
人文薈萃的高家客廳一景。
左起：戴天　王禎和　尉天驄　胡菊人
躺在地毯上的是舒凡
右一唐文標，右二高信疆。

左頁／
迎接《未央歌》作者
鹿橋（前左二）與夫人（前左三）訪台。
前左何凡，前右郭正昭
後左起：高信疆　柯元馨。

創立　時報文學獎一九七八

第一屆時報文學獎報導文學決審一景。

前左起：孫如陵　羅龍治　齊益壽　阿盛　陳雨航。

後左起：張曉風　高信疆。

熄滅的詩

陳芳明

詩已熄滅，連同裝飾在詩行裡的夢與意志也全然消失殆盡。釋手而去的不只是時間，多少年前的戰鬥、情感、爭論、歡樂，一併隱逝在煙霧的記憶。詩不能兌換任何許諾，在三十年前，在二十一世紀，都同樣是眞理。然而，爲了追逐一首詩，一群年少氣盛的詩人不惜投入以身相許的無數時刻。詩終於到手，整個世界卻什麼事都不曾發生。對詩抱持近乎癡情的迷信，竟然可以感召一些年輕詩人。他們聚集在台北盆地的一個樓頭。那是一九七〇年春寒之際，龍族詩社宣告誕生，高信疆適時出現。

台灣歷史開始產生幻滅時，龍族詩社是最佳見證者。不測的風雨席捲而來，沖刷著毫不設防的台灣海岸。先是釣魚台事件，繼之以聯合國退出的衝擊。殘酷的現實證明，中國體制全然不符海島的規格。歷史洪流浩浩蕩蕩，伴隨全球冷戰結構的結凍，無情地挑戰台灣的航行。縱然挺起一隻詩筆，也無法抵禦時代氣候的變幻。巨大的命運降臨，完全無可理喻。閣樓裡的年輕心靈，仍然相信詩是他們僅有的武器。他們意識到中國正逐漸遠去，代之而起的是形象鮮明的台灣。高信疆在關鍵時刻加入陣營，提振了詩社的士氣。

高信疆不是詩壇重鎭，卻是文壇重要的推手。當時他是《中國時報》「人間」副刊主編，較諸「龍族」詩人還更早理解文學的力量。他決定加入詩社之前，已是引人側目的人物。這樣的記憶，絕對沒有絲毫誇張。它讓那個時代的讀者相信，平面的報紙足以釀造立體的風雲。在歷史上遭到長期遺忘的台灣土壤，在他的凝視之下，竟是生機勃勃的世界。從庸俗的城鎭，他挖掘不少可供議論的藝術。在恆春彈奏月琴的陳達，在台南素描廟會的洪通，都在高信疆開創的巨幅版面躍然紙上。沉寂的土地從來就未曾沉寂，而只是受到政治干涉而被遮蔽。鄉土藝術能夠蔚爲風潮，高信疆無疑是那個年代的鼓舞者。

副刊不再是靜態的存在，而是一種能量，一種聲音，一種沛然莫之能禦的運動。他不能點石成金，卻足以化被動爲主動。酷似眺望遠方的台灣知識分子，有生以來，第一次開始覺悟到望鄉的力量。他們所發現的故鄉，竟是監禁在思考之外的腳下土地。望鄉一旦形成回歸浪潮時，歷史的新時期從此就不盡不止地拉開。在北半球航行的台灣，有史以來開始轉向；那種轉向的信息，在詩人中間，唯他最早測知。

高信疆不是那個時代的傑出詩人，卻是對詩最具尊崇的其中一位。當他雙手捧起詩集，往往投以嚴肅的神情。遇到一首好詩時，他的笑容尤其璀璨。在他的副刊版面，每有詩行發表，必配以巨幅的彩色攝影。即使是一首短詩，由於照片的對照，很少受到讀者的忽視。進入一九七〇年代的詩壇，氣象誠然非凡。詩人第一次感受到文字的重量如此非比尋常，每一行在前進時都鏗然有聲。較諸早年的待遇，詩人從未獲得這樣的尊重。從前的詩刊篇幅有限，幾位詩人總被擠壓在侷促的版面。到達「人間」副刊的詩人，才驚覺天地爲之一寬。

現代詩第一次嚐到被敬重的滋味，始於高信疆的編輯。即使是面對一位小小的詩人，他從來都是以重要作者看待。詩的文字最少，人格份量卻是不輕。由於他的鼓動，龍族詩人不敢輕忽自己的作品。他對詩的形式看得極爲嚴重，從而對詩藝的要求也非常深刻。前後僅存在四年的龍族詩社，能夠開啓一次空前絕後的現代詩論戰，背後正是有他的主導。他無法忍受詩人把文字視爲輕率的遊戲，更不能忍受「吐痰成詩」的輕浮說法。

每次聚會時，高信疆常常是遲來的出席者，在報社編輯極其繁重的時刻，他從未在龍族聚會缺席。走過黑暗的長巷，他西裝革履的身影，是那個動盪時期最難拭去的記憶。這位相貌堂堂的詩人，舉手投足都恰到好處。他的談話雍容有度，一如按放文字在詩行中最恰當的位置。他從不輕許同仁，尤其對於輩分較輕的詩人，會給予中肯的意見。受到他的批評，並不覺得被侵犯，反而是一種抬舉。經過這麼多年之後，他在詩社編輯會議的談話已不復記憶，但是他的談吐，以及他發亮的前額，總會不時浮現。

記憶最爲深刻的一次，應該是在一九七二年左右。那時「人間」副刊已發表關傑明的〈中國現代詩人的困境〉，幾乎引起整個詩壇的騷動。高信疆成爲風暴中心，詩社也受到餘波盪漾的推湧。那次編輯會議是在一個保齡球館樓上的咖啡室。大約將近晚上十一時左右，高信疆從報社趕來。他匆匆上樓，仍保持從容神色。顯然是不耐於與會者把關傑明的文章當做閒談，他說，詩社應該要有所回應。他從來沒有說過那樣嚴厲的話：「如果龍族詩社沒有任何作爲，只爲了出詩刊而已，就沒有存在的意義。」

高信疆提到的「作爲」，強烈暗示必須介入論戰。因爲他的提議，那次會議似乎延長到午夜之後。龍族詩人組社以來，從未有過那樣激烈的討論。如今全然不能重建當時的對話，只記得每個人的胸口都很飽滿，情緒也很高漲。那次會議結束時，每位詩人都成爲主戰派。不但決定要聲援關傑明，甚至要把論戰擴大。龍族詩人都站在高信疆同一戰線，也同意他著手主編《龍族評論專號》。

年輕的詩社，至此開始懷抱一個巨大的心。那是一個總結的年代，也是一個開創的世紀。這是因爲一九七二年出版了規模龐大的《中國現代文學大系》，使一九五〇年代以降的現代詩運動完成一個傳統系譜。又在同一年，白先勇創辦的《現代文學》也適時推出一個「現代詩回顧專輯」，係由楊牧主編。正是在這個時期，歷史激流似乎到達一個沉澱迴照的時刻。詩的傳統究竟是從此確立？或者，詩的命脈是否需要重新整頓？

關傑明的文字，指控台灣現代詩過於傾向西方，模仿與虛假的成分居多。不久之後，唐文標又以〈僵斃的現代詩〉的檄文向整個詩壇宣戰。在風雲騷亂的時刻，高信疆主編的《龍族評論專號》確實帶來廓清的作用。他不僅邀請年輕學者撰稿，還親自到校園、街頭進行實地訪問。穩健而激進，是他在這時期最爲鮮明的相生相剋性格。記得走在台大校園，前往訪問中文系的林文月教授的路上，高信疆說：「這次評論專號出版後，意味著台灣現代詩不久將重新出發。」

他所說的重新出發，顯然是正確的預言。《評論專號》是龍族詩社編輯最久的一次，至少耽誤了兩期的正常出刊。由於專號在一九七三年底出版，使得當時混亂的現代詩論戰得以終止。對於自己所做專號編輯工作，他以高上秦的筆名寫下〈探索與回顧〉的前言。在文字裡，他似乎在預告一個新的時期到來：「一方面，它展示了台灣現代詩已開始進入學術研究的範疇，不再是詩人自己的事；一方面，卻也顯現了年輕一代的詩論者、詩作者，對於起步階段的中國現代詩，意圖作一重新估價與認眞檢討的試探。」遠在一九七〇年代初期，他說的這些話已都應驗。許多受邀在專號撰稿的作者，日後不是成爲作者，便是成爲學者。現代詩的晦澀之風，跨越一九七四年之後，也逐漸轉向明朗。

他主編的評論專號，不宜給予過於膨脹的評價。不過，可以確信的是，七〇年代中期以後，鄉土文學運動轉趨成熟，黨外民主運動亦蓬勃開展。這些跡象都可以在評論專號中發現一些徵兆。年代逐漸久遠，高信疆的形象卻始終未曾褪色。他最大的貢獻絕對不只在龍族詩社，更重要的是他使「人間」副刊成為海內外作者、學者的匯集點。當年創造的智慧與思考的結晶，都在副刊版面交會，見證了台灣歷史的迴旋飛揚。高信疆終於成為歷史的傳說，是因為他具備勇氣穿透政治迷霧，而且也懷有意志擘建他的時代。傳說中的人物，注定溶入傳說。

高信疆離去時，許多人都在議論他的背影。

長溝流月去無聲

劉紹銘

信疆爲了「人間」，迫得捨命相陪。如今「長溝流月去無聲」。故人亦成故友。

上世紀八〇年代初，一向朝氣勃勃、幹勁十足的台灣報業傳奇人物高信疆忽然一陣子顯得意氣消沉。我跟他通了幾次電話，告訴他如果想找個地方轉換一下環境，也不怕冷的話，可考慮到冰天雪地的 Madison 散散心。他說他得找個名份才能向老闆請假。季季在「縱橫人間的浪漫兒」一文說到七〇年代《中國時報》每月的訂閱費是四十五元，但很多讀者只看「人間」副刊，於是報館採取特別措施，接受只訂副刊的讀者，訂費十五元。

給台灣報紙副刊創出一番新氣象的是以「高上秦」筆名寫詩的高信疆。當然，如果背後沒有開明進取的老闆余紀忠先生的支持，信疆魄力再大，目光再遠，也難成事。七〇年代的台灣，經濟起飛，但政治上還是「鎖國」，警備總司令部控制言論的幅度，無遠弗屆。《中央日報》是黨報，刊登的都是中央通訊社消毒後的新聞。其他報刊的國際新聞跟黨報大同小異，要別具一格，只有在地方版和副刊上用心機。

余紀忠留學英國，秉承文人辦報的精神，《中國時報》營運一有基礎後即廣納賢士。信疆大學畢業後不久，就被余先生招攬過去。余先生對副刊的角色看得準。他貴爲國民黨中央常務委員，深知要在當時的政治環境中給寶島台灣拉開一線「天窗」，只能在七嘴八舌的副刊篇幅中騰出一角作「租界」。這租界正名爲「海外專欄」。

「海外專欄」的作者清一色的是僑居外國的專業人士。他們吃不到永和豆漿，但享有「治外法權」。主持這個專欄的就是二十來歲的高上秦。初辦時，余先生還親自出馬幫他約稿，後來就由信疆一人獨挑大樑。信疆這輩子寫信最勤最認真的時期，就是主持「海外專欄」的頭一兩年。一九七一到一九七二年間我任教新加坡大學，他給我寫信，都長達三四頁。一九七三年我回到美國，他不再寫信了，靠「越洋電話」聯絡。

台灣同胞在那年頭要出國「觀光」，哪像今天這麼家常便飯。「留學生文學」風靡一時，因爲沒有機緣到外邊打一轉的讀者，都想透過這些「域外人」的文字一睹域外風光。給信疆抓來的作者的專業背景，不侷限於文史哲，他們文章涉及的知識層面也因此超越一般副刊讀者熟悉的範圍。正因他們是「域外人」，借題發揮談起國是來，自然比「域內」的作者容易清心直說。

一九七三年信疆接掌「人間」。在余先生大力支持下，相繼推出一連串影響深遠的文化活動。除經常邀請名家主持座談會外，還積極報導默默無聞的藝術家，音樂家，讓他們的成就廣爲人知。一九七四年他在「人間」推出「當代中國小說大展」，一九七八年創立「時報文學獎」，可視爲事業上兩個重要的里程碑。

信疆之能成爲台灣報業傳奇，才具和眼光外，因爲他有膽識。李敖出獄後誰還敢用他的稿件？信疆主動找他在「人間」副刊「隆重登場」。對柏楊，亦禮遇如此。信疆雖然不是「警總」的常客，但被「召見」的次數一定不少。也眞難爲屢次替他說話的余先生。

那次跟「意氣消沉」的信疆通電話後，我順理成章的以他對中國報業的貢獻爲據，給他辦理威斯康辛大學 Honorary Fellow 的申請手續。他在 Madison 兩年，經常有古蒙仁和羅智成這些「老同學」作伴，喝酒聊天，倒不寂寞。他在 Madison 時，曾多次跟我說過爲了給「人間」拉名家稿件，有時眞要賠上性命。因爲有些大牌作家是否瞧得起你，得看你酒量如何。古龍的武俠小說，「奇貨可居」，得來也不易。原來這位《天涯・明月・刀》的作者，拿來盛酒的是臉盆大小的容器。信疆爲了「人間」，迫得捨命相陪。我跟信疆也曾在 Madison 的胡姬酒肆中渡過不少 Happy Hours。如今「長溝流月去無聲」。故人亦成故友。

外國人看中國和先讀為快

景翔

在和信疆正式成爲「同事」之前，我和他已經有過長久的「共事」經驗，而朋友交情則比那更久遠。

會和信疆認識，應該是在與文藝界朋友聚會的場合裡，那時候信疆已入主「人間」副刊，但他在外面和文藝界朋友談天的時間多過他守在辦公室裡，而以「高歌」的筆名寫詩，以「高上秦」的筆名寫評論，是當時也從事現代詩創作的我最先留下的印象，因爲信疆知道我作翻譯工作，因此很多「人間」副刊需要翻譯的稿子便交到我的手裡來了。

爲人操刀，代人寫作的人，在英文裡稱之爲「Ghost-writer」，而我則是「Ghost-translators」，因爲那些稿件發表時，都只是由原撰稿人署名而不列出譯者的。

之所以會有這類稿子，主要是「人間」副刊有一個「外國人看中國」的專欄，請到寫稿的老外們，大多已有很好的中文底子，在大陸或台灣居住的時間也在兩三年以上，但是寫起稿來，還是都用英文，因此就是我來做那件把橫式蟹行文變成直式中文的工作。

這份工作的樂趣和難處在於每位作者的文體和風格都各不相同，有的是嚴肅的論說文，有的是輕鬆的隨筆，中譯時必須要用不同的筆法，而且常常還要爲這些文章找一個很好的標題，後來這個專欄的文章集結成書由「時報出版公司」印行，第一集叫「洋人在台北」，現在重新翻閱，其中由我中譯的還眞不在少數，有些從標題便可看出來，如「天道好還」、「四十餘年話從頭」、「萬古長新」「新正話月」〈這篇中還有「譯注」〉。也有些從譯筆便可辨認，像「開『洋』葷」裡的趣味性，曾讓讀者驚訝於那位就讀師大的白菲力怎麼能把中文寫得那樣「溜」，而由法國巴黎大學畢業的安璐萍，在「寫意山水」裡把中文的數量名詞用得幾乎不見重複，也令人嘖嘖稱奇，這些都是我私下覺得得意的事。

另外還有值得一提的是引起所謂「新詩大戰」的關傑明先生關於台灣現代詩的意見與看法的幾篇文章，都是由我中譯的。我雖然也寫現代詩，但對相關理論都涉獵不多，爲那幾篇文稿，確實花了很多心力，字斟句酌，尤其是「開戰」後要回應不同的聲音，更是戒愼恐懼，深怕不能正確傳達關傑明先生的本意，幸好都沒有出現誤漏的情況。

民國六十三年，《中國時報》的大老闆余紀忠先生看到「民族晚報」副刊連載的一本長篇翻譯小說，覺得譯筆很好，但譯者的名字卻從未見過，於是責成信疆把這個譯者找到，要網羅到《中國時報》去工作。信疆多方打聽，才由一位與文藝界作家關係廣泛而良好的隱地那裡知曉了這個「新進」譯者的眞實身份，竟是我這個合作多年的「特殊譯者」，於是我在信疆陪同下和余紀忠先生見面，就此由宅男「中年轉業」進入新聞界，在「中時」三十五年的第一份工作就是在「人間」副刊當編輯。

和信疆一起在副刊工作那段時間，除了看稿等編輯的閱讀工作，原先所做的翻譯工作也仍然持續進行，而由此就引發了「先讀爲快」這個介紹新書的專欄。

這個專欄的基本概念其實就是「書摘」，當年報紙的張數受到限制，不可能像現在這樣有專刊書訊或者書評的園地。在副刊有限的篇幅中，要詳細介紹新書的內容，當然也可以用「書評」或「書介」的方式，但終究感覺隔了一層，不如「書摘」可以讓讀者直接品嚐到箇中滋味，即僅僅是「淺嚐即止」，但就像電影的預告片一樣，如果剪裁得宜，就還足以吊起胃口，很多人忍不住想一窺全貌。

那個時候，國內除了「讀者文摘」雜誌外，似乎就沒有其他媒體用書摘的方式，信疆提出這樣的構想，一方面是覺得可以創新，另一方面也是憑藉著他手裡有兩個「中譯快手」；一個是我，另一個是由美國回來不久，剛開始做出版的林獻章。我們兩個譯稿的速度雖然還不到「立等可取」的地步，但搶起時間來，速度的確也是相當驚人的。

決定了這個專欄的形式後，要爲專欄命名，大家都認爲用「先睹爲快」這個現代感的成語十分適切。但我卻覺得這樣一個也算創新的專欄，在名稱上也要有些新意和趣味，所以建議把「睹」字換爲「讀」字，意思相近，感覺上卻鮮活得多，何況大家都說「看」報紙，我們卻都稱之爲「讀者」，而這個專欄設立的本意也就在希望大家能多「讀」些新書。

那個年頭還不像後來廣告界那樣喜歡用同音字來玩文字遊戲，「先讀爲快」的專欄名稱也算是開風氣之先了。

專欄名稱確定，內容形式也有個大概，但實際操作起來卻不那麼容易。因爲「專欄」的方式有，最簡單的當然是取書中某一兩個章節刊登，但這卻牽涉到那一小部分是否具有代表性的問題。

另一種方式是將全書濃縮，讓讀者看完之後能知其梗概，但問題是一本大書要在極短的時間看完，抓出重點，就能看的篇幅摘出重要情節譯成中文，實在是件很艱鉅的工程。

「先讀爲快」專欄推出之後，果然大獲好評，成爲「人間」副刊叫座的專欄之一，對出版界的幫助也非常大。

「書摘」幾乎都採濃縮的方式，也的確有花下很大功夫做成的案例，至於其他幕後製作的「秘辛」，在時過境遷的今天，倒是可以談談。其中最「方便」的是預定出版的新書，直接以已譯校好的樣本來摘取精華，而某些國外的新書，在一些雜誌上會先以書摘的方式刊佈，我們便只要花中譯的時間就能完成，甚至有一次一本篇幅極大的小說，在已經改編成電影的情形之下，「先讀爲快」的內容是用電影劇本譯寫而成的。

這些做法，也許不免有「取巧」之譏，不過專欄的品質始終能維持一定水準，翻譯和製作都有一貫的嚴謹負責態度，我想這些才是最重要的吧。

一來生機動——當代中國小說大展與人間雅集之懷想

季季

高信疆首次主編「人間」副刊時，我還是職業作家，固定看《中國時報》的「人間」副刊與《聯合報》副刊，觀察到「人間」版面有了新氣息，一九七四年六月中旬首次投稿給他，是一篇五千字散文〈再見，翁鑼仔〉。他回信來致謝，並說正在籌畫「當代中國小說大展」，邀我給他一篇小說；八月下旬完成一萬二千字的〈拾玉鐲〉寄去，之後才與他漸漸熟識。

·

一九七八年他二度主編「人間」時，我已進入《聯合報》副刊組工作。他創立了「時報文學獎」，兼任時報出版公司總編輯，集結學術界四十多人進行「中國歷代經典寶庫」編撰出版；意氣風發，更受矚目。一九八〇年初他邀我從《聯合報》到「人間」任撰述委員，於是跟著同事叫他高公。共事四年期間，見識了他思慮的周密，待人的寬容，處事的大氣，對有才華者的尊重，以及用臉盆喝酒的豪情。——那次同時到任的，還有小說家陳雨航，以及後來以美食文學聞名的王宣一。在副刊史上，一次進用三個人的紀錄，是他創造的。

他一直是個創造者，大破大立，高瞻遠矚，做任何事都呼應當下的變動，也考慮歷史的走向。一九七四年推出「當代中國小說大展」，也是這一特質的典型之作。

那一年，全球猶在第一次石油危機的風暴中，台灣推出十大建設，第一條高速公路已從三重開挖到中壢。而國際原油與紙價上漲，各報爲了反映成本，把訂費從每月三十元調漲爲四十五元；社會面臨物價波動的挑戰，報份也起伏不定……。

在那樣的時空背景裡，作爲一個副刊主編，能爲正在轉型的社會做些什麼更有長遠意義的事？能爲創立將屆二十四周年的《中國時報》開創怎樣的新局？副刊還能再走靜態編輯的老路嗎？他開創「計畫編輯」的理念，擬定一系列近遠程計畫：包括文化上的「回顧與前瞻」，文學上的「當代中國小說大展」……。

經過半年多的籌畫，「當代中國小說大展」作爲《中國時報》二十四周年的獻禮，於一九七四年十月二日社慶之日，以子于的〈蒸籠〉推出第一篇。依序登出施叔青〈困〉、王鼎鈞〈勝利的代價〉、朱西甯〈玫瑰剪枝〉、孟瑤

〈方向〉、段彩華〈插映的片子〉、李昂〈昨夜〉、王默人〈地層下〉、季季〈拾玉鐲〉、許家石〈朝露〉、林海音〈海淀姑娘順子〉、莊因〈晨曦〉、司馬中原〈人頭〉、陳雨航〈去白雞彼日〉……。

那段期間，小說連續推出，有如作家的作文比賽，每篇作品都備受矚目。「人間」副刊也搶盡風采，讀者每天引頸以待。一九七五年二月二十八日，以鹿橋的〈邂逅〉壓軸作結，並於同日由時報出版公司分上下兩輯出書。《當代中國小說大展》共發表三十六篇小說，作者涵蓋老中青三代，有名家邀約稿，也有從一般投稿中挑出具創作潛力與獨特風格的新人之作；其中男作家二十六位（外省十六、本省十），女作家十位（外省五、本省五）。

高信疆在該書「編後」說：

希望透過這項展出，不僅鼓動起我們的作家「從無到有」的創造熱誠；也能提供給廣大讀者一個活潑潑的認識作家與時代，理解現實與人生的途徑，把原已偏向的社會趨勢，作一可能的正面導向。我們也企圖使這個表面消沉而內裡正在醞釀、蛻變，邁向另一新生的當代中國小說，能夠適時而有力的展示出其可能的面貌與內涵。既不同於往昔，又深深為社會所接受，把我們的讀者與文學界一度疏離的隔閡打破。……

不過他也坦陳有些遺憾：

有的因工作繁忙或其他事故一直未曾將稿件賜下，如《台北人》的作者白先勇，《秋葉》的作者歐陽子等等。也有的作家因稿件過長已超過了可能刊登的限度，只好自己出書了，如黃春明。另有部分作者求全心切，雖已寫妥寄下，又因若干斟酌寧將稿件索回焚毀或不欲發表的，如顏元叔、童真、王禎和、林懷民、巫川等等，雖然因此使得這次大展減色不少，我們仍該為這十多位作家的創作態度及對大展的支持表示敬意與謝意。

另外的兩項遺憾則是他不便寫出來的：

1. 名單裡沒有陳映真，因爲他「遠行」在外，入獄未歸。
2. 書評書目出版社每年出版年度小說選，但編選者品味殊異，僅有子于〈蒸籠〉、季季〈拾玉鐲〉、陳雨航〈去白雞彼日〉入選《六十三年短篇小說選》。

雖然如此，他認爲還是有明顯的收穫：

參展諸作，不僅風格與內容各殊，也都多少代表了各該作家的創作路向與個人面貌。

另一項收穫也是他不便寫出來的：大展轟動一時，《中國時報》發行部開始接受讀者要求，只訂「人間」副刊，每月十五元。

一九八〇年元月三日，我正式到「人間」副刊上班，第一件差事是當天深夜訪問陳若曦。她在一九七三年末背離中國大陸後，因發表《尹縣長》等一系列揭發文革的作品而驚動一時。一九七九年十二月高雄發生美麗島事件，全台風聲鶴唳，她應吳三連基金會之邀，預定一九八〇年一月六日首次返台，面見蔣經國，遞交海外學人爲美麗島事件陳請的連署書。彼時她已離台十八年，住在舊金山，和台北有十幾小時的時差。

那是我第一次打越洋電話，訪問長達兩個多小時，之後兩天都在家趕稿。一月五日中午完成七千三百字訪問稿，打電話給執行編輯駱紳來取稿，次日即以三分之二版面在「人間」發表〈歡迎陳若曦久別歸來〉。——那是台灣媒體對她返台的第一篇報導。

後來我常常接受高公這種領先精神之命，晚上下班後還得去訪問剛剛返台的藝術家或學者，半夜回家開始寫稿，中午請駱紳來我家取稿，次日見報又是獨家。當時還是檢字組版、美編貼版的時代，沒電腦也沒傳眞機，我的文字稿，林崇漢的插畫稿，以及一切急發稿，都虧有「駱駝精神．紳士風度」的駱紳和他那台白色偉士牌機車辛苦奔波。——只要他的指令運作無誤，高公從不介意我或林崇漢沒進辦公室。

・

一九八三年三月，高公二度卸下「人間」主編之職赴美遊學，報社特於三月二十八日舉辦盛大的「人間雅集」，邀請錢穆、梁實秋、柏楊、林海音、林亨泰、郎靜山、侯金水、郭良蕙、瘂弦、向陽、吳念眞等三百多位各代藝文界朋友歡送他。會唱歌的人高歌，會寫詩的朗誦詩，口才好的說書或發言，都是對他行事爲人的讚佩，以及對他遊學海外的不捨與祝福。

最特別的是會場不但以典雅的屏風張貼著重要的「人間」版面，現場揮毫題贈的字也從牆上貼到牆下，如紙牆不斷延伸。錢穆題：「妙懷不爲平世用，高懷猶有故人知。」柏楊題：「十年辛苦史跡在，一點丹心白髮生，巨鵬不過初展翼，祝君長嘯催早晴。」王夢鷗題：「欲窮千里目，遠度萬重雲，珍重臨歧意，寸紙持贈君。」漫畫家牛哥題「他年相見，後會有期」；畫面是鳥飛魚躍，牛伯伯揮手送別。……

最受矚目的是《聯合報》副刊主編瘂弦，每天在版面與「人間」搏鬥廝殺，與高公可說亦友亦敵，在宣紙上從容寫下兩行大字：「相看兩不厭，何日復歸來。」接著又細心的寫了兩行小字：「借用李白之人間詩句，寫我爲信疆送別時之心情。」

現任中研院史語所所長王汎森，還在台大史研所就讀時，即應高公之邀擔任「人間」編輯，寫的一手草書尤受高公讚賞。那天特以條幅寫了「紙上風雲第一人」〈詹宏志語〉贈高公。那七個大字，淋漓靈動，豪邁雄健，彰顯了高公的飛揚氣勢

·

「人間雅集」的尾聲，高公夫婦與「人間」同仁站除了歡唱〈當我們同在一起〉，也再度唱起他的家歌〈春風〉；以那悠緩如詩的曲調，寓意深遠的歌詞，殷殷的和藝文界友人作別：

春風，春風，一來生機動；
河邊冰解，山頂雪花融；
草增綠，花逗紅，渲染樹蔭濃。
春風啊，春風啊，
你有極大的功！

高公的父親在「西北移民處」處長任內，因車禍於一九四四年三月在新疆往生。那時他還在母親的懷裡等著叩訪人間。一九四九年，在中國近代最大的移民潮裡，他母親帶著五個孩子從成都來到台灣，繼續幫許多新生命叩訪人間。他常在辦公室說他母親爲人接生的感人事蹟，語氣裡滿是崇敬與深情。每次與「人間」同仁聚餐，最後總會唱起〈春風〉這首家歌；那是母親教他的第一首歌。——在生命的不同際遇裡，在許多朋友的心目中，高公始終也像春風，一來生機動，在副刊史上建了極大的功。

永遠的高先生

林清玄

一九七四年，我參加世新的「翠谷文學獎」，得了首獎。這個首獎對我的意義深長，因爲主辦單位邀請了高信疆先生來頒獎，當時高先生是《中國時報》人間副刊的主編，是學新聞的我們最崇拜的偶像。

記得當時初見高先生，他和夫人柯元馨，帶著才滿一歲的兒子到學校，高先生英俊挺拔、一派瀟灑，高夫人美麗脫俗、自然高雅，正是古代小說中的「一對璧人」。

高先生親手把「翠谷文學獎」的獎狀頒給我，並在會後立刻向我邀稿，他說：「小說、散文、詩歌都可以，最近人間副刊要推出報導文學的專題，你也可以寫一些報導寄給我。」

回到宿舍，我立刻整理了那一段時間寫的文章，寄給人間，隔兩天，高先生回信說稿子收到了，他會斟酌採用，一星期後，我寄的一篇小說「迢迢人的目屎」登在人間，全校轟動。

我感覺就像坐高速火車前進一樣，那時我在幾家報紙雜誌投稿，從來沒有主編的速度這麼快，馬上回信，即刻刊登，稿費也很快就收到了。

高先生的執行力，使我深爲感佩，後來我寫的文章總是優先寄給時報，期間夾雜的寫了幾篇報導文學，那時人間的影響力很大，一篇文章只要連刊三天，就會引起熱烈的討論。

八〇年代，人間的對手是聯合副刊，先是平鑫濤主編，後來是駱學良主編，平先生與駱先生也很提拔我，有一次駱先生找我，說是「聯副」爲了培養年輕作家，願意每月提供五千元生活費，只要每月優先給「聯副」一篇作品，我竟然婉拒了，我說：「高先生很提拔我，我想把每個月優先的作品寄給他！」駱先生爲人寬厚，一點也沒有生氣，還說：「那你多寫幾篇，一些寄給我吧！」

一直到學校畢業、入伍期間，我總是把作品分成四份，第一份寄給高先生，第二份寄給駱先生，第三份寄給中華日報的蔡文甫先生，第四份寄給中央日報的夏鐵肩先生。

我也說不出爲什麼特別敬愛高先生，想必是因緣使然吧！在我服兵役期間，一直和高先生有書信往來，我退伍的前兩個月，他突然寄了一封很慎重的信給我，談到了我的文學前途，他說：「我鄭重的邀請你來時報工作，也熱情的歡迎你成爲我的夥伴，你退伍的第二天就來報到吧！」

退伍的第二天，我從湖口坐火車北上，背著一個大的軍用帆布袋，到《中國時報》報到，高先生隨即交給我一張余紀忠董事長的聘書，這個動作，到今天我還感念不已。高先生愛才是大家都知道的，但他的細膩、爲人設想，是外界難以想像的。

我早期的工作就是報導文學，每星期寫一兩篇，一篇刊在「人間副刊」，我寫過朱銘、洪通、楊柏林、夏陽、柯錫杰、李小鏡、韓湘寧、趙寧……等等，也寫過雲門舞集、雅音小集、蘭陵劇坊、表演工作坊、校園民歌……，幾乎每一篇都引起矚目，這些人和團體，對日後的台灣文化都有著巨大的影響。

另一篇刊登於《中國時報》海外版，寫的是「大甲媽祖回娘家」、「內門的宋江陣」、「高雄彌陀的皮影戲」、「澎湖的大倉島」……，偏向鄉土的報導，以安慰旅居在海外遊子的心。

爲了擴大報導文學的影響力，高先生把我寫的報導都結集出書，在他擔任時報出版公司總編輯期間，我的報導文學專輯有「在刀口上」、「長在手上的刀」、「處女的號角」、「在暗夜中迎曦」、「宇宙的遊子」等等。

另外，高先生又創辦了「時報周刊」、「時報雜誌」，每期幾乎都有二、三十頁的深度報導，與我並肩作戰的有古蒙仁、謝春德、林柏樑……，爲台灣的報導文學起了奠基的作用。值得一提的是，「時報周刊」、「時報雜誌」，以及後來的「工商時報」，發刊詞都是我執筆的。

記得「時報周刊」創刊詞寫完之後，余董事長、高先生坐在我對面，我一字一字唸給他們聽，兩人都點頭才定稿。唸完後，余董事長問我：「清玄是台大中文系的吧？」我正不知如何回答，高先生搶著說：「他是世新的，世新的人才濟濟呢！」

如今，很少時報人知道我寫了二刊一報的創刊詞，也可見當年高先生對我的支持與器重。

與高先生共事十年，他幾乎每天都在指導我，他雖然很少動筆，但每一出手都是宏大典麗的文采，常常令我瞠目結舌。他的眼光犀利、思維細密，每次指出我文章中的問題，都使我向前邁一大步。

他的活動力強、精力無窮，跟隨他工作，不只是才華的鍛鍊，也是體力的考驗，一兩天沒睡是常有的事，每年辦文學獎，幾乎一星期都睡在辦公桌上，高先生身先士卒，也使我們打造了一身武功，他經常嚷著要在辦公室擺一張床，卻一直未能如願。

後來，高先生辦「中時晚報」，找我回去工作，因爲我的人生已經轉換跑道，成爲專業作家，只好拒絕他的好意，我看他眼神有些失望，使我心痛很久，想起我們一起共事的時光是那麼美好，在青春時懷抱的美好理想，我們已經全心的走過，心痛也是無奈！

記得高先生曾不只一次向我提到，他不想活太老，他覺得只要留下一些偉大的事功，活到四十多就很夠了。確實，他在四十歲就留下了偉大的事功，把台灣文化、台灣文學、新聞志業都推向了全新的境界，前無古人、後無來者。他多活的二十幾年，對家人朋友是一種安慰，對他的功業，卻是「斯人獨憔悴」了！

從認識高先生的三十多年來，他常對我說：「不要叫我高先生，就叫我信疆兄吧！」但我一直沒有改口，就像第一次見他，恭敬的叫一聲：高先生！

高先生對我來說是一個難以言詮的存在，他是我的老師、我的上司、我的朋友！他是我在文學創作上的領航人，是我的貴人、我的恩人！

我有一個筆名「秦情」用了二十年，有人問我筆名的由來，我說：「高先生的筆名叫高上秦，爲了感念他對我的提攜之情，所以在他遠走威斯康辛的那一年開始，我以秦情作筆名！」

高先生已經走遠了，就像多年前去美國，近年去中國一樣，但他充滿了愛的精神，對文化、新聞的理想追求，對鄉土家國無私的奉獻都已經留了下來。

一條路已展向兩頭了，我會永遠想念著您！

高先生！

沒有人間，哪來鄉土

王健壯

一九七七年八月二十九日，國民黨中央召開「第二次文藝會談」，由於事前已知《中國時報》將是會談要批鬥的主要對象，開會前夕，余先生找了高信疆、楊乃藩與我去他家裡，特別交代：「會，要去參加，但去了聽聽就好，盡量不要講話，非要講話，就由乃藩代表發言」。當年局勢險峻不明，余先生有此交代，不是怕事，而是不想多事。

楊乃藩是當時的《中時》社長兼總主筆，信疆已離開「人間」一年兩個多月，我接「人間」主編還未滿四個月；國民黨中央文工會邀了我們三人代表《中時》參加會談。

第一天開會因為都是官方活動與官方報告，全日無戰事。但第二天的分組討論與提案討論，卻開始砲聲隆隆。信疆與我被分配參加的第二分組「發揮文藝功能，加強心理建設案」，就有人提出這樣的意見：

「對於目前少數文藝作家，倡言開放三〇年代左傾文藝作家作品，提倡狹隘的鄉土文學及專以工、農為寫作題材的論調，深感不但有悖當前革命需要，而且易為敵人所利用。因此，建議將防範敵人利用文藝進行統戰分化陰謀等條文，加列入提案中」（引自中國國民黨中央文工會編印之〈第二次文藝會談實錄〉）。

由於當時大陸十年文革浩劫才結束一年左右，「人間」不但是最早刊登陳若曦〈尹縣長〉等大陸文學的報紙副刊，也鼓吹政府應早日解除三〇年代文學的禁令。再加上「人間」在信疆任內，既開闢關懷台灣本土的「現實的邊緣」專欄，更刊登了不知凡幾像黃春明、王拓、王禎和、楊青矗等本土作家的小說；所以可以想見，類似第二分組那樣的眾多提案，擺明了就是針對《中時》而來。

雖然余先生的交代言猶在耳，但當天開完會後，信疆仍氣得對我說：「太過份了，走！我們去重慶南路買書，把他們（國民黨與軍方）自己出的三〇年代的書都買下來。」

兩個人報館也沒回，就坐了計程車直奔重慶南路，幾乎跑遍了每家書店，尤其是在政戰系統外圍的黎明文化書店待得最久，祇要看到跟三〇年代有關的書通通買下來。書店打烊前，兩個人各提兩大袋「匪書」回家，準備隔天「以子之矛攻子之盾」進行反擊。

第三天一大早就趕到劍潭活動中心，楊乃藩社長看我們提了那麼多袋書，心裡早已有數，信疆也告訴他我們要反擊，但楊乃藩以余先生有交代，一再勸說算了，再加上開會後的發言人選早已內定，信疆與我空有滿腔憤怒卻無處可發。祇能眼睜睜看著那位大詩人，站在台上拐彎抹角批判鄉土文學，並且聽到警備總部那位專管文化的官員，嘴巴裡竟然說出這樣的警告：「對於那些不聽政府勸告的人，政府不是不辦，祇是時候未到！」肅殺之氣，令人不寒而慄。

其實早在二次文藝會談之前，「人間」就已是有關單位的箭靶，明槍暗箭從來都沒停過。我才接「人間」不久，有天余先生找我去他家裡，拿了一封所謂的密件公文給我看，公文中寫著類似「根據我駐海外單位的情報，共匪已滲透進《中國時報》」等等，我看後覺得太不可思議，但余先生對我說：「這些人什麼事都做得出來，你們要特別注意」。

後來我從余先生手中又看過更多件這種假情報的公文，但公文卻互相矛盾，前一件公文才說信疆與我被共匪滲透影響，後一件公文卻又指控我跟信疆與島內台獨份子掛勾。另外還有許多黑函，信不是打字也不是手寫的，而是剪貼報紙的標題字貼成的，內容更是荒唐透頂，造謠說信疆與我在外面開出版社，偷偷賺報社本來該賺的錢等等。

我當時才是二十多歲的菜鳥，又接「人間」不久，像警總那樣的老大哥，當然不會把我放在眼裡，更不會以我為敵，他們要打擊的對象當然是信疆，是「人間」，是《中國時報》。

但官方玩的是兩手策略，二次文藝會談前後，警總的人也常常請信疆跟我吃飯喝酒，我那時天不怕地不怕，有請必到，信疆則是世事洞明加上人情練達，每次也欣然赴會。警總請客，席間不是清一色他們的人，就是請一些跟信疆與我熟識，也跟有關單位關係不錯的學者文人。酒過三巡，當然會溝通一下當前局勢，聊聊他們對副刊的看法，我的個性是惡聲至必反之，信疆卻是進退有節、縱橫捭闔，尤其是他大杯豪飲的風采，更常常讓舉座警總官員震懾得不知何言以對，意外收到「杯酒克敵」的效果。當時我就曾想：如果二次會談時，信疆若能上台發言，以他的雄辯風采，與會的兩百多位人士，特別是那些黨政軍特人員，對鄉土文學與三〇年代文學，應該會更早有所覺悟與正確理解才對吧。

尤其是鄉土文學。信疆一向自稱是個「擁抱台灣，熱愛中國，胸懷天下」的編輯人，爲了胸懷天下，所以在一九七〇年就有了「海外專欄」；爲了熱愛中國，所以敢於突破禁忌刊登大陸文學；爲了擁抱台灣，所以早在一九七五年就開闢了「現實的邊緣」專欄，以報導文學的形式書寫現實台灣；當然他更不可能不去刊登以台灣底層社會爲主題的所謂鄉土文學，不可能不去發掘長期隱藏民間卻無人聞問像朱銘、洪通、陳達那樣的鄉土藝術。在一九七〇年代回歸鄉土的呼聲中，信疆的「人間」其實扮演的是「先行的實踐者」角色，但他的實踐方式是以作品呈現，而非理論的鼓吹者。

當時回歸鄉土、擁抱現實的理論鼓吹者，是《夏潮》結合的那批左翼與本土派知識份子，是《文季》反現代主義的那幾位作家。但所謂鄉土文學「論戰」的火苗，卻是由一本當時才剛創刊兩個月的《仙人掌》雜誌點燃的。

一九七七年四月一日出刊的《仙人掌》第二期，以「鄉土與現實」爲封面故事，內文刊登了十一篇以「鄉土文化往何處去」爲主題的評論文章，其中引起爭議的有王拓的〈是現實主義文學，不是鄉土文學〉，銀正雄批判王拓的〈墳地裡哪來的鐘聲？〉以及朱西甯質疑回歸鄉土的〈回歸何處？如何回歸？〉等等。這是鄉土文學正反兩派，首度在同一個媒體上交鋒打擂台。

同年八月十七日，彭歌才在《聯合報》副刊寫了〈不談人性，何有文學？〉三天後，余光中接棒在聯副發表〈狼來了〉，兩篇文章都是痛批鄉土文學之作。小眾媒體的《仙人掌》在四月初點燃的論戰火苗，延燒了四個半月後，才在《聯合報》副刊這個大眾媒體上，燒成了燎原之勢，《中央日報》與《青年戰士報》也桴鼓相應，聯手變成了反鄉土派的旗手。十二天後，國民黨中央召開二次文藝會談，試圖以官方力量打壓其實勢已難擋的鄉土運動。

鄉土運動是因台灣一連串「外在挫折」而起，當時文壇的作家與學院的知識份子，既無統獨之分，也無左右之別，許多人都因爲「外在挫折」而回頭重新審視自我，但這個自我並不是「小的自我」，而是「大的自我」，指的是「當下生活的土地」與「當前面對的現實」，也就是說，鄉土運動之興其實是「外在挫折」引發「內在省思」與「內在蛻變」後，必然會有的一個結果。

但官方，尤其是軍方的警總與政戰系統，卻擔憂甚至恐懼「外在挫折」會在「島內」引發難以控制的連鎖政治效應，因此不得不進行嚴厲的管控，一九七七年的二次文藝會談是「文的管控」，一九七九年的美麗島事件則是

「武的管控」。

我既曾是《仙人掌》「鄉土與現實」那期雜誌的主編，又曾接下信疆的棒子，在主編「人間」時「高歸王隨」，繼續刊登像黃春明「我愛瑪莉」那樣的鄉土小說，現在再回首述說當年歷史，其實眞有點千言萬語不知從何說起的感慨。

三十多年過去，有些當年圍剿鄉土文學的人早已表示悔不當初，信疆這個儼然曾是「鄉土教父」的編輯人，雖然後來也曾因爲台灣本土政治的變質，而後悔當初曾鼓吹擁抱台灣的鄉土文學，但不論是作爲一個文化人、新聞人或編輯人，高信疆這個名字跟鄉土文化早已是血肉相連密不可分。

一九七三年五月到七六年六月，信疆首度「人間」主編任內，他替台灣的鄉土文化披荊斬棘，開闢出一個表演的大舞台。二次文藝會談結束後三個月，從一九七八年一月到八三年三月，信疆二度主編「人間」後，他仍然不改「祇開舞台，不打擂台」的實踐方式，繼續深耕鄉土，即使前一年的鄉土文學論戰硝煙仍在，但他在一九七八年創立的時報文學獎，卻讓洪醒夫、詹明儒、宋澤萊、黃凡，這些不同於黃春明那個世代的本土作家，一個個相繼以文學作品繼續實踐鄉土理論，鄉土的香火不但未被政治撲滅，反而更加熾旺。

兩任八年報紙副刊主編，形塑影響三十多年幾個世代的文學甚至文化的風貌，台灣歷史上唯信疆一人而已。

他對文化的貢獻值得感謝

王拓

年輕時，每天早上拿到《中國時報》，一定先讀副刊的「海外專欄」，而且還剪貼保存。因爲那時台灣還在戒嚴封閉的時代，許多資訊和知識都被禁止流通，「海外專欄」的文章似乎替快被窒息的文化界開了一扇小小的天窗。我那本「海外專欄」的剪貼簿，在美麗島高雄事件發生，被警備總部抄家時，不知被丟到哪裡去了。後來我才聽說這個專欄的負責人叫高信疆。

信疆與我同年。他極年輕以寫詩成名時，我大概師大才畢業，對許多事情都還懵懵懂懂糊裡糊塗。認識信疆大概是我在讀政大中文研究所時，剛開始從事文學創作不久，那時又剛好發生保釣運動，是由當時在政大中文系當講師的《文學季刊》主編尉天驄大哥介紹的。他的高大英挺，以及似乎有滿腦子的創意和構想，讓我印象深刻。後來他接了副刊主編，便常常接到他約稿的電話。我也偶而會親自把稿子送去大理街《中國時報》他的辦公室去，便會和他閒聊起來。和信疆聊天是一件快樂的事，因爲他認識的人極多，也有極廣的見聞，以及無數的創意和構想。這些都讓我這個來自偏僻漁村的窮小子增加了許多見識。

信疆很善於在文化界廣結善緣，對許多文學藝術工作者的鼓勵推介不遺餘力，也因此對台灣的文學藝術及文化界做出了極大的貢獻。我記憶最深的是一九七六年，朱銘還未成名時，第一次從鄉下來台北南海路的美國新聞處開展覽，我就接到信疆熱情洋溢的電話，「很了不起的作品，你一定要去看啊，朱銘將來一定會成爲台灣偉大的雕刻家。」他還要我在看完展覽後寫一篇文章；「我要連續幾天，以「人間」副刊全版來推介朱銘。」他說。我去看了朱銘的雕刻展，確實被震撼、感動了，當晚即寫了一篇「期待一個藝術家的成長」，在三月二十三日的「人間」副刊發表。事隔三十幾年，朱銘果然不負眾望，已成爲實至名歸的台灣國寶級的國際大藝術家。舉這個例子，應該可以讓後來者具體認知到信疆對台灣文化、文學及藝術的重大貢獻。八〇年代中後期，台灣的文化、文學和藝術的本土化運動曾經一度風起雲湧，信疆的貢獻就是最顯著的，不應該被忘記的。

信疆主掌「人間」副刊時，是戒嚴時期白色恐怖的時代，他常常會因爲登了某人的文章，或某一類的文章而不斷被當時的警備總部「點油做記號」找麻煩。例如我就是當時常常需要他替我擔待的作者之一。「每次只要王拓的文章在「人間」出現，警總就會立刻打電話來表示關切，有時甚至直接找上余老闆。」信疆，有點無奈的說：「只好委屈你了，拓兄，改個筆名發表吧！」因此我兒醒之在一兩歲時，就有文章在「人間」副刊發表了。而那也是我這一生寫作最勤、作品最多的時期。

一九七七年鄉土文學論戰發生時，文化界風聲鶴唳，一片肅殺。《中國時報》老闆余紀忠和信疆都因「人間」副刊的內容、風格及某些作者如我，而在國民黨內遭嚴厲的批鬥，「人間」主編換人，想必也都是由此而起的吧？而鄉土文學論戰後，我也在被逼得走投無路的窘境下，毅然地上了梁山造反，和國民黨對幹了。從此之後，坐牢、參選，一路走來很少再與信疆聯絡。幾年前我還在當立委時，在北京和他意外地見了一面。那時，他明顯地有些悒悒，但仍然熱絡好客，高談闊論，晚上還帶我去一家地下咖啡館觀賞據說在北京被視爲很前衛的展覽。我看了展覽也喝了咖啡，覺得並沒有什麼出奇之處，何以展覽被視爲前衛，而咖啡館也拿不到執照而必須地下呢？他悒悒地笑說，這就更見北京的封閉了。我心想，以信疆這樣熱愛自由，又有極多創意的人，在北京這個封閉的城市，對他是不適合的，悒悒寡歡也是必然的。

兩年前，在我擔任只有三個半月文建會主委期間，突然聽說信疆在台北，得了癌症。當天下班立刻到他住處探望他，他的夫人元馨在旁陪著。他略顯疲憊，但心情似乎還開朗，還特別爲我介紹了在場從北京來的一位年輕的藝術家朋友。與此相隔大約又有一年多了吧，五月六日傍晚，顏冠德兄打電話來告知，信疆去世了。並說中天電視想替信疆多播一些好友對他的回憶和懷念。那時，我久已拒絕上電視、拒絕被採訪，甚至也拒看電視報紙久矣。但那天爲了讓更多人知道信疆在文化上對台灣的重大貢獻，我接受了中天電視的訪問。

近些年來，在台灣常有一些人把「愛台灣」三個字掛在嘴上當口號，甚至當標籤，但對於像信疆這樣真正對台灣的文化、文學和藝術的推廣提昇做過重大貢獻的人，卻始終吝於一提，更甭說心存感激了。現在信疆已走了，我這個長期從黨外到民進黨一路走來，現已退休的文化與政治的老兵，要誠摯地向老友信疆說聲謝謝！

記一段往事

陳怡眞

民國六十一年七月，我進入《中國時報》採訪組，主跑藝文新聞。藝文新聞登在影劇版，因此我歸屬影劇組；同組的還有三位「先輩」：跑電影的宇業熒，跑電視的褚鴻蓮，以及跑戲曲的邱秀文。

那時編輯部位於舊大樓的三樓，影劇組隸屬社會採訪組，我們四人的位置就在社會組的末端，而我這「菜鳥」又坐在末端的末端，最靠近門邊。若從大門此端往彼端數過去：社會組、政治組、市政組、體育組、經濟組、編輯組、地方組，距離採訪組最遠的另一端近門邊，即是副刊組。每晚，編輯部同仁凡上洗手間必然經過副刊組。回想起來，到了晚上編輯部最忙碌的時候，唯有副刊組似乎總是沒人的時候居多。

應該是第二年吧，我姐託我投了一篇翻譯小說給副刊，一段時間後終於登了出來。一晚，一位斯文的白面書生走到我的座位邊，說，他姓高，希望我轉告我姐，歡迎她以後繼續爲「人間」寫稿。他走後，鄰座的邱秀文告訴我，他即是「人間」副刊的主編高信疆。這就是我和信疆的初識。算來，已是三十六年前的事了。

去年和駱紳通電話，他告訴我信疆罹癌的事，說信疆在做化療，不希望人去探病。又說，他也經常只是和信疆通通電話，信疆很堅強，常常在電話裏和他說笑話。我想信疆一輩子注重形象，如今生病在家又做化療難免憔悴，我不便強人所難，乃請駱紳轉達致意。後來也是在報上知道他去世的消息。

五月中旬，季季來電說藝文界的朋友要爲信疆出一本紀念文集，將信疆的一生分成各個時期，由相關的朋友分別執筆。又說，我分配到的是寫「人間」大做朱銘及洪通專輯的事。理由是當時是我跑的藝文新聞。我也以爲如此。因爲就在那一刻，我憶起當年在南海路上的歷史博物館和美國新聞處之間來回奔波採訪的情景。歷歷如在眼前。但人的記憶眞是不可靠。稍後在找資料時，我非常驚異地發現，當年《中國時報》上朱銘、洪通開展覽的新聞竟然不是我跑的！但，我確確實實跑過這兩條新聞的，而且之後和朱銘還建立起不錯的交情。我努力回想，那是哪一年的事呢？我又在哪裏？

好友廖雪芳（她曾是《雄獅美術》的編輯）提醒我不妨找

找朱銘的傳記；我果真在《刻畫人間》一書中找到他當年開展覽的日期：民國六十五年三月十四日。接下來就容易了，我很輕鬆地在台大圖書館五樓的微捲室查到「人間」當年轟動一時的洪通及朱銘專輯。那大氣魄的版面編排，即使在今天看來也極具氣勢。很像信疆。

信疆以「人間參與」的專欄，從三月十二號開始，以「天才？瘋子？」的小刊頭爲洪通連做了五天專輯；又從十九號到二十三號也是一連五天，以「斧底乾坤」的刊頭做了朱銘專輯。在那之前，即使大師如畢卡索、張大千的展覽新聞，也不過從藝文版提升到三版；藝評慣例登藝文版，偶爾例外會出現在副刊。信疆是第一個把不出名的藝術家，大規模的藝術批評和論述帶進副刊的主編。

其實這不是「人間」第一次刊登洪通的作品。民國六十一年五月「人間」曾以「洪通的世界」發表過洪通畫作的照片，攝影者是蔡子欽。台北藝術界最早發現洪通的是英文《漢聲》雜誌的創辦人黃永松，他在那年五月邀請作家黃春明一同去南鯤鯓採訪王爺生日祭典，兩人在無意間看到了洪通和他的作品。回台北後黃永松把照片放給《漢聲》的同人觀賞。但在登與不登之間，黃永松頗爲猶豫，他和黃春明都覺得該讓洪通保有原來的創作空間繼續畫他的畫。當時光啓社的一位導演蔡子欽在「漢聲」的電影組幫忙，他是台南人，趁回台南之便也去看了洪通，並拍了照，蔡先生不知兩位黃先生的約定，將照片投給當時彩色版的「人間」，也登了出來。相信洪通的畫作讓信疆印象深刻，否則他也不會之後在電話中告訴何政廣（當時《雄獅美術》主編）了。之後英文《漢聲》雜誌在一九七二年七、八月合刊號登了黃春明寫的關於洪通的文章，《雄獅美術》則在民國一九七三年四月號做了「洪通特輯」，並舉辦洪通作品討論會。信疆曾在該特輯中以「逍遙遊——洪通繪畫的通俗演義」爲題，讚美洪通和他的作品是「柏拉圖的理想——那一種至高的善，正是一種無所爲而爲的玩索」。

事隔四年，洪通要開畫展了，信疆廣邀藝文界朋友撰文討論。洪通的繪畫因子似中國非中國，似民俗藝術非民俗藝術；是憑本能信筆畫畫？或是有意識地從事創作？是精神異常者抑嚴肅的藝術家？頗引起有學院基礎的現代的都市的藝術家作家評論家的好奇與探索；他們各以一己的知識經驗和美學觀作解人。其中漢寶德先生的「化外的靈手」，是我至今仍認爲寫得最好的一篇論洪通的文章。信疆在當時抓住了一個有趣且具爭議性的議題，打破陳規，大大地在副刊版面上發揮了起來。誰說副刊只能「理會」文學！「天才？瘋子？」兩個聳動的名詞加上兩個問號，更讓許許多多對藝術陌生、從不曾進過畫廊的大眾在南海路前排起長龍等著進美新處看畫。這，是前所未見的。

相對「天才？瘋子？」的聳動或疑問，我感覺信疆對朱銘就肯定多了。他以大氣的「斧底乾坤」作刊頭，幾乎是爲朱銘的木雕藝術作了概括的論定。而幾乎所有爲「人間」撰文的論者皆對朱銘這位來自苗栗通宵的木雕家持肯定態度，並且在他的作品中看到與中國傳統木雕藝術的淵源。當時的朱銘一心想出國見世面，這讓他們之中的多數人感到憂心。然而朱銘一路走來，讓我們見到了一位眞誠的藝術家的蛻變與成長。至於洪通，時間證明終究只是都市人因一時的新鮮感所造成的一時的現象。

結果容或不同，但當年信疆策畫的這兩個專輯所造成的熱潮，一直被視爲鄉土藝術的熱潮，讓「鄉土藝術」這個名詞好一陣子蔚爲流行。鄉土藝術家這名稱究竟適不適用在洪通、朱銘身上，美術史自有定論。但「人間」的專輯卻讓當時迷途於中國／西方、傳統／現代的藝術家發現了另一個汲取創作養份的可能性。

大氣典範說高公

焦雄屏

高公對我這一代人太重要，影響也太大了。他幾進幾出報社，在他的領導下，台灣報業及台灣文化，締造了幾個輝煌時代，在實質上相對定義了台灣乃至一代華人精英的本質，影響甚至及於政治和華人的歷史。關於他的豐功偉績，陸續已有多位聞人大儒發表高見，我只說說我眼中的高公。

他第一個輝煌的年代，我只稍稍沾到邊。我那一代的大學生不知何時開始，忽然把報紙副刊「神聖化」了。在那個閉鎖的年代，知識份子和年輕人求之若渴卻苦無資訊。那是一個沒有網路，沒有手機的戒嚴時代，所有消息都受到「保護」。我們看 Time 和 Newsweek，有老毛的照片或關於中國的討論，總出現深黑筆墨把關鍵字圖槓掉。我們看 Ed Sullivan Show，等著看 The TurHes 唱 Happy Together，可是直到節目完也沒看到片頭出現的預告表演，只因為樂團的頭髮太長，太不良示範。那個年代，我們的父母和教科書都避談現代史，所以我們缺乏歷史縱觀。那個時代，我們幾乎如桃花源閉鎖於海南島，不知有漢，遑論橫向的世界。

但是人間副刊衝破了種種禁忌，它鼓吹本土思維，洪通的畫、陳達的琴、雲門的舞蹈，黃春明、王禎和的小說。它也是海外華人文化精英的發表平台，有承襲老一代五四精神的才子，有笑傲政治的叛逆青年，有甫逃離中國文革的幻滅文人，也有海外飄零的孤魂遊子。高公以放眼世界的胸懷，改良、挑戰的五四精神，創造副刊成為知識青年必讀的神聖時代。

新聞系畢業的我逢《中國時報》破天荒公開招考編採譯人才，十五個天之驕子考入後到各部門見習，其中一站是副刊。那是我首次見到已成傳奇的高公。我當時嚇了一跳，那麼年輕的傳奇，玉樹臨風，侃侃而抒胸中塊壘，言談中既有氣吞江河的大哉論，又有不脫書生儒雅的語氣。佩服佩服，那是我短暫九個月記者生涯中的驚鴻一瞥。

可惜志在實務的我未進副刊追隨高公，僅在他輝煌的生涯中沾到一點邊。自己兩次留學歸國，高公也幾進幾出中時，他來找我參加晚報的工作，他說完我只有一個「好」，連薪水和工作細節都沒問，只因對他信任。後來

《聯合報》派高層留我，條件優厚我婉轉拒絕，只因我對高公有過承諾。在中晚時代，高公榮升社長，那是我非常懷念的光陰，因爲高公給我們施展的空間，副刊再度成爲他輝煌的好戰蹟，影視文藝版也大開大圖，明星八卦靠邊站。高公支持我們做電影獎，連做七年，聲威遠播大陸，成爲台北市電影獎前身，也影響後來香港李焯桃他們辦「金紫荊獎」。他讓我們做到電影值得討論，值得當文化對待，不像現在只剩下了偶像和數字。他給予的空間，讓好多華人導演都受惠。

這段時間，我有機會領略高公做事的胸懷與氣魄，也見識他自我要求的恆心與毅力。他那一口上下古今的好口才，全是自我苦練出來。他童年有點口吃，常常自己到家後面的墓園大聲朗讀，直到練出溜溜雄辯的基礎。爲了禮貌，他在人前永遠西裝華服，儀表堂堂頭髮一絲不亂。我們有幸常去他家走動，他在家中也還是彬彬有禮。他喜歡和畫家李錫奇他們打牌，牌風也如其人，把把做大牌不屑胡小，而且很能欣賞牌友，有人一直連莊，他會帶領大家鼓掌起立致敬。

除了好玩優雅，我還是最喜歡高公的寬厚，他批評別人頂多是唉一聲，搖搖頭，可是帶著無奈的微笑，拿著菸的手還一陣橫擺，表示不忍苛責。所以失意的時候，他總能轉成對自己更多的要求，像是儲備另一個生涯的高峰。第二次離開中時人間主編他到了威斯康辛州，卻在異鄉中強迫自己如做功課般，培養出對古典音樂的涵養。他告訴我他是一張一張唱片反覆地聽，看資料，有進度的學習。後來他再離開中晚，我去看他，他的辦公室堆積如山的新出版書籍，許多是硬得不得了的財經與政治理論，高公又規定自己埋首書堆，眉批句劃重點立論，他對自己這些規劃是自豪的，我總覺得他老在等待另一個時代讓他再揮灑高式風格。在那之前他得努力充實自己，迎接更多的挑戰。

當台灣逐漸轉型至銅臭經濟掛帥的時代，當媒體鋪天蓋地把財主當個人，當副刊和知識分子不是英雄的時候，高公去試了香港和大陸。在明報任職期間，我去香港看他，帶他去看蕭芳芳電影首映。他雖然有車有司機，可是司機甕聲甕氣，對他十分不禮貌。高公仍寬厚平和的說話。當時我很想喝斥那位仁兄：你到底知不知道高公是何許人物？我想他和明報都不知道，所以高公又去了大陸。

有一次三聯書店董秀玉介紹我去住一個北京比較平價的酒店公寓，我帶著賈樟柯、王小帥兩位導演到房間聊事，老遠卻看到高公就在廊底，他已在此住了很久，房內照例堆滿了書，這一回還多堆了許多光碟，他已經開始來攻電影了。看到我們，他高興地拿出房內的紅酒，還是一樣的說古論今，對電影也不陌生。

後來他去了《京萃周刊》。配備、氣勢都與中時不能相比。辦公室有點冷清，手下有點不敷管用。最重要的是大陸管制可非台灣的警覺，傳媒討論尺度在後天安門時代相當緊繃。高公囑我爲周刊寫稿，但似乎發行量不足，很少聽到有人知道這個媒體的存在。

高公病了，元馨姐囑我去和信看他。我從小看他們長大的士軒英軒都在，高信譚二哥的一家也在。高公頭戴軟帽。我忍住喉嚨卡著緊的哽咽，故作輕鬆提高嗓門問好：「啊，還這麼帥！」高公伸出手，我握了好久，人很多，我說不出什麼像樣的話。倒是那日高公情況是反常地好，他說了好多話，我也識相地不久留。但是出了醫院，我一路在車裡流淚回台北。這一回，高公的瀟灑和笑語擋不住死神的惡意了。我多怕那是訣別。

高公到底走了。他輝煌的幾個年代，幫助台灣塑造了知識菁英的價值觀，甚至提發推動了台灣的民主。是老天覺得他階段性任務已了，可以收山了嗎？在追念會上我擋不住流個不停的眼淚，衛生紙不夠用，衣袖裙子全上陣了。我捨不得他，於我如友如兄。

我心目中，高公不是凡人。元馨姐也不是凡人，高公走後，她一個一個電話通知親友，語氣平靜，倒像是安慰對方。有信仰眞偉大，高公追念會上，元馨姐一路帶著信仰堅定的專注神情，士軒英軒啜泣時她也沒掉下一顆淚。多年來，她挺挺地站在高公身後，讓高公無後顧之憂的揮灑。高公的大業她有絕對一筆。這也是高公的另一面。高公侍母極孝，愛妻愛子，我尊敬他，不止是他對台灣文化的貢獻，更是他爲人和做事都一樣大氣而具典範性。

凌雲

在蒼穹最高的峯頂
我搏擊著我的寂寞

——高上秦〈鷹〉

美國文藝之旅

一九八〇年二月初
飛到美國舊金山，
展開一個多月十二個城市的約稿之旅。

美西地區

上圖／

在加州聖塔巴巴拉白先勇（右一）家中，
與友人（左二）欣賞徐悲鴻書法：「雷霆走精銳，行止關山動。」
白先勇解釋說，一九三七年七月蔣中正宣布全面抗日，
其父白崇禧受命為副參謀總長，八月自廣西飛南京履新前夕
徐悲鴻為了壯其行色，特寫這幅對聯相贈。

下圖／

在舊金山陳若曦（左）家中。牆上掛的洪瑞麟畫作
是陳若曦一九八〇年元月返台時，高信疆所贈。

美中地區

上圖／

在密西根的風雪中重逢五月畫會的大將莊喆。

下圖／

與芝加哥文友聚會。前排左起：張系國　高信疆　許達然夫人

後排左起：艾愷（美國學者）誠然谷　丘延亮　余國藩　許達然。

凌雲

上圖／
到密蘇里州聖路易市拜訪鹿橋。
左圖／
在華盛頓DC。

紐約蘇荷區訪問藝術家 上圖
前排夏陽夫婦；
後排左起：韓湘寧 高信疆
黃志超 楊熾宏。
中圖／
左起：林際光 姚慶章
楊熾宏 高信疆。
在哈佛大學 下圖
左起：馬英九 高信疆 張光直。
左頁／
在繁華的紐約街頭想念著台北。

OF BLUE
BY
HERO
COP

上圖／在華盛頓由傅健中（左一）陪同拜訪喬志高。

中圖／一九八〇年秋參加聯合報文學獎頒獎典禮。
左起：高信疆　林海音
楊明顯　季季。

下圖／夏志清（前左）自美來台，與高信疆（右起）何懷碩　瘂弦
張佛千（前右）聚餐。

左頁／在印第安那大學訪問李歐梵。

在台北 上圖

參觀顧福生畫展　左起：柯元馨　顧福生　高信疆　李亞俐。

歡迎兩位海外學人 中圖

左起：周安托　沈謙　美國學者施友忠　柯元馨　高信疆　德國漢學家馬漢茂。

下圖／

陪馬漢茂（左一）拜訪臺靜農（中）。

李敖家 上圖

左起：蕭啓慶 王國瓔 柯元馨 高信疆 李敖。

在新加坡文華酒店大廳 下圖

左起：倪匡 金庸 高信疆。

中華民國七十年七月十一日 中國時報 星期六 第八版

人間副刊版面設計展⑦

週末

三毛

今日版面設計人：彭蔭宣

●名建築師
●哈佛大學碩士
●鑽石雙星大廈
台北金融大樓
萬成通商大樓
一九七〇萬國博中國館設計人

彭蔭宣

倚天屠龍記 金庸

663

表姐的日記 又見北平 侯榕生

43

鎖連環 奇幻小說 倪匡

王子的奇遇

51

「人間」副刊版面設計大展 一九八一年七月十一日 設計／彭蔭宣

一九八一年八月一日 設計／林崇漢

一九八一年七月十二日 設計／陳其寬

中華民國七十年七月十二日 中國時報 星期日 第八版

為童權進一言 高大鵬

路過竹林路 初安民

晚餐愉快之不易 喻麗清

囈夢記 戴天

人間副刊 版面設計展 22

鎖連環 倪匡 66

出嫁 張貴興

第四屆時報文學獎 徵文八月五日截止

文化建設是民間的事 門墻外話 也行

又見北平 侯榕生 58

倚天屠龍記 金庸 678

今日版面設計人：陳其寬 建築師 建築教育工作者 畫家

凌雲

一九八一年八月十一日 設計/阮忠義

人間副刊版面設計展㊳

中華民國七十年八月十一日 中國時報 星期二 第八版

文學留外

柯約瑟評英美文學

GORKY

高爾基公園

馬丁·史密斯及其新作

柯約瑟

映象之旅

寫在出發前 梁光明

「映象日記」阮義忠

「旅行的故事」雷驤

家書 杜可風

倚天屠龍記 金庸

鎖連環 倪匡

阮義忠

今日版面設計人：阮義忠

●民國39年生 ●曾任漢聲雜誌編輯 ●現任台視文化公司編製『映象之旅』節目執行製作

一九八一年七月十九日 設計／王士朝

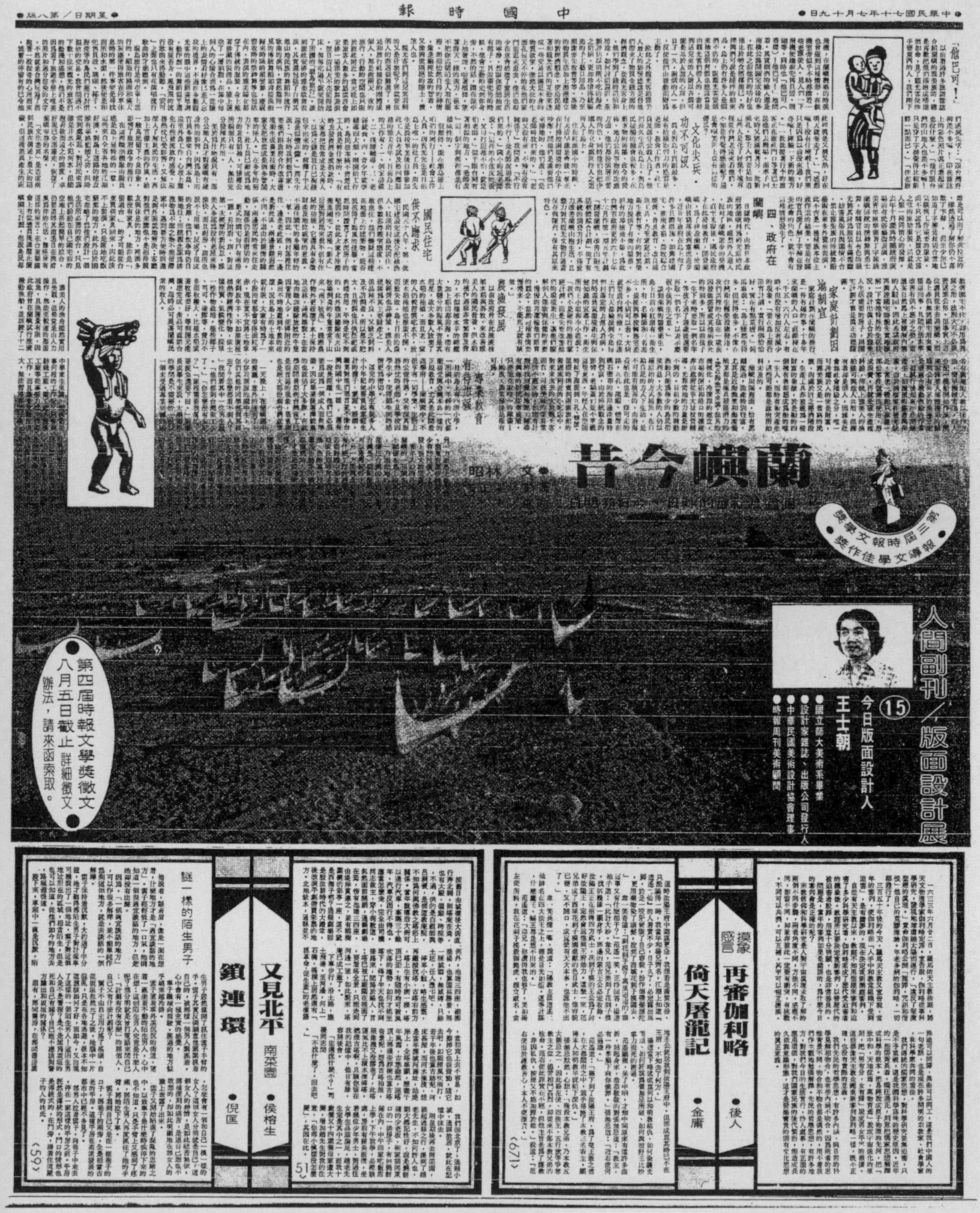
中華民國七十年七月十九日 中國時報 星期日／第八版

蘭嶼今昔

文／林昭

第三屆時報文學獎 報導文學佳作獎

人間副刊／版面設計展

⑮ 今日版面設計人

王士朝

●國立師大美術系畢業
●設計家雜誌、出版公司發行人
●中華民國美術設計協會理事
●時報周刊美術顧問

第四屆時報文學獎徵文 八月五日截止 詳細徵文辦法，請來函索取。

摸象感言 再審伽利略 ●後人

倚天屠龍記 ●金庸 〈671〉

又見北平 南柔園 ●侯榕生 51

鎖連環 ●倪匡 〈59〉

一九八一年七月二十四日 設計／胡澤民

中國時報

第三屆時報文學獎小說優等獎作品

出嫁

文・張貴興／圖・胡澤民

「出嫁」決審意見

十一文作者：張貴興

師大英語系畢業

曾獲第二屆時報文學獎小說優等獎。

人間副刊版面設計展 20

輔仁大學 銘傳 副教授

胡澤民

著作：「人物造形」、「實用美術」、「人物造形」、「雄獅」廣告設計專欄作者。

奇幻小說

鎖連環

「記錄下來的一切」

倪匡

64

火眼金睛集

春城無處不飛花

卜少夫

倚天屠龍記

金庸

676

又見北平

北京城

侯榕生

56

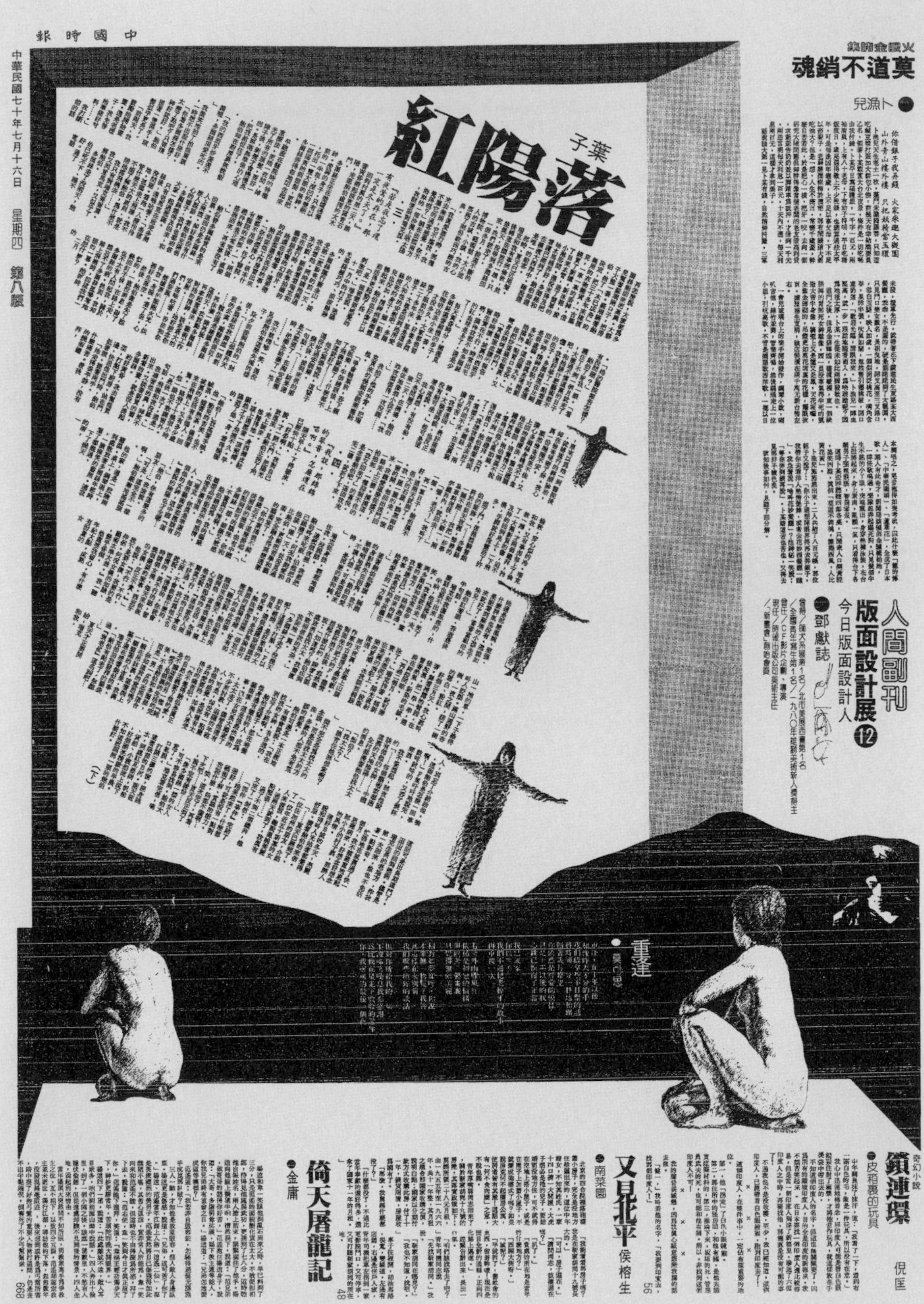

一九八一年七月十六日 設計/鄧獻誌

凌雲

一九八一年七月十五日 設計／霍鵬程

今日版面設計人：霍鵬程

● 從事設計、視覺藝術工作
● 變形蟲設計協會會長
● 中華民國美術設計協會常務理事
● 著作：「霍鵬程抽象畫集」
「亞洲設計名家（中編）」

大小智慧

哲學的智慧與智慧的哲學

何秀煌

（下）

落陽紅

葉子

（上）

權慾無常

平語 安平

倚天屠龍記

金庸

又見北平

南菜園 侯榕生

鎖連環

雖然的印度人 倪匡

六六七

四七

五五

人間副刊版面設計展 ⑪

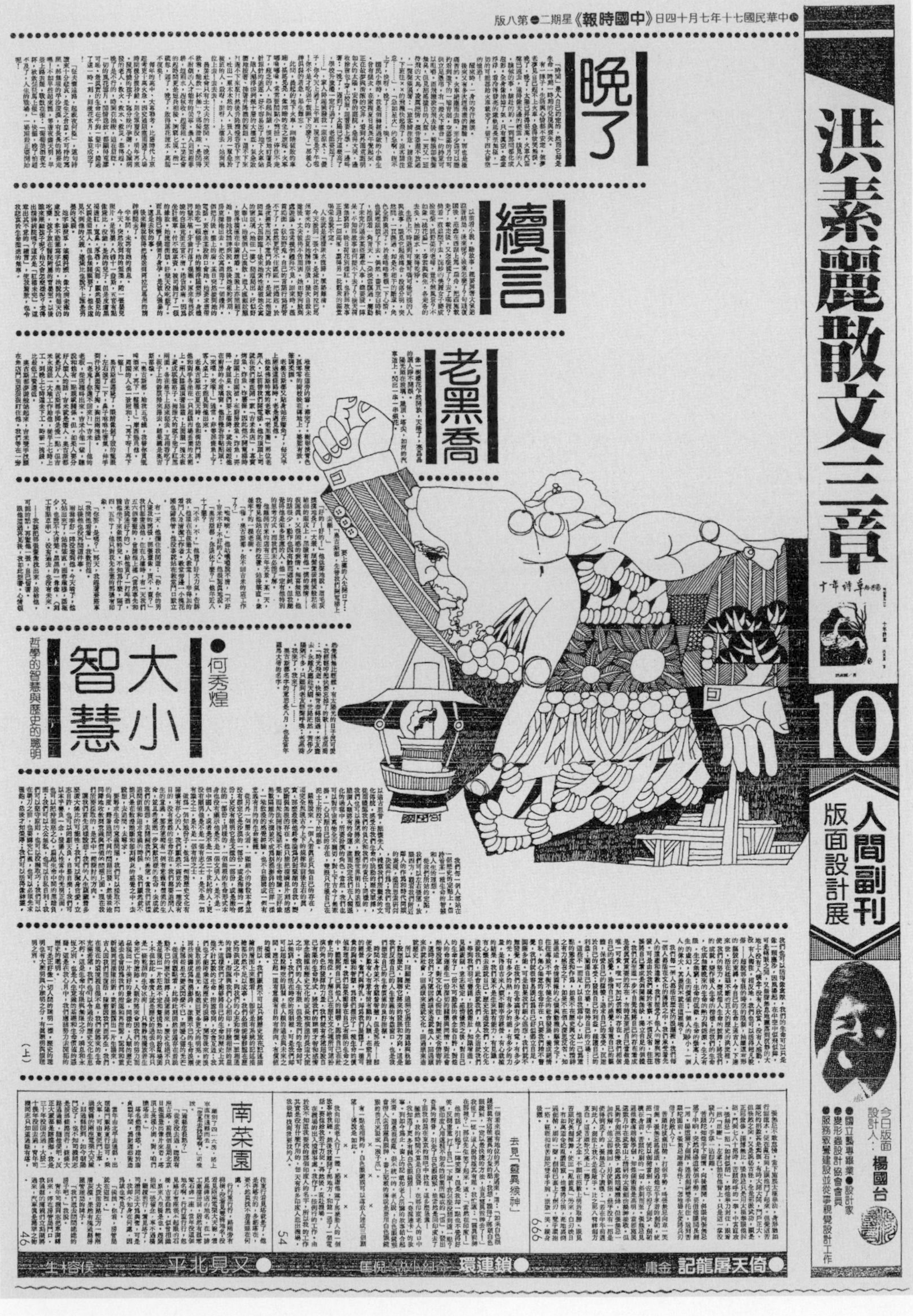

中華民國七十年七月十四日 星期二 《中國時報》第八版

洪素麗散文三章

晚了

續言

老黑喬

10

人間副刊版面設計展

大小智慧

●何秀煌

哲學的智慧與歷史的聰明

（上）

今日版面設計人：楊國台

●國立藝專畢業●設計家
●變形蟲設計協會會員
●服務廣告建設並從事視覺設計工作

南菜園

●倚天屠龍記 金庸

●又見北平 侯榕生

一九八一年七月十四日 設計／楊國台

凌雲

一九八一年八月二十日 設計／李麗嬌

中國時報 第八版

蘭嶼今昔

一個過渡社會的昨日·今日和明日

●文／林昭●攝影／梁正居●插圖／奚淞

●兩個鄉土建設的播種者 林茂安與鍾馬雄

5 鄉土建設與明日 ●鄉土意識與鄉土建設

●"世界展望會"在蘭嶼

倪匡 鎖連環 59

金庸 倚天屠龍記 671

侯榕生 又見北平 51

人間副刊版面設計展(16)

散髮扁舟 葉維廉

《第4屆時報文學獎徵文8月5日截止》

中華民國七十年七月六日 星期一 中國時報 第八版

北方

石湘先生十年祭

楊牧

陳世驤先生（左）生前與本文作者楊牧合攝

人間副刊版面設計展②

今日版面設計人：漢寶德

又見北平 侯榕生

表姐的日記

雨夜過三峽

——辛酉年正月夜記夢

袁則難

他，改變了全人類

爾文·史東及其新作「達爾文傳記」

■ 柯約瑟

文學窗外

柯約瑟評英美文學

THE ORIGIN

A BIOGRAPHICAL NOVEL OF CHARLES DARWIN

BY IRVING STONE

倚天屠龍記

金庸 ● 658

鎖連環

奇幻小說

倪匡 ● 46

誰是關鍵人物

紙上風雲——高信疆

一九八一年七月六日 設計/漢寶德

凌雲

一九八一年七月七日 設計/凌明聲

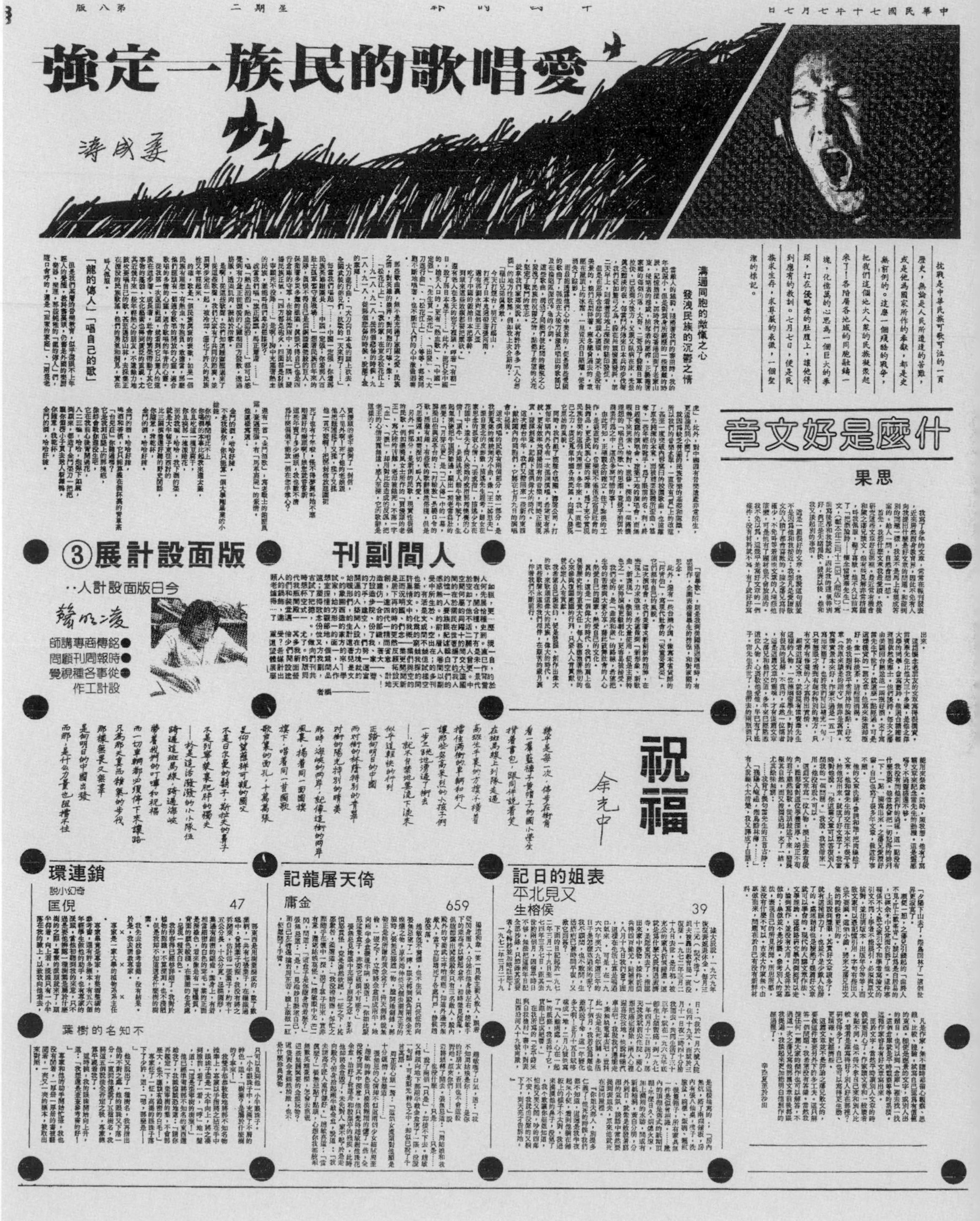

中華民國七十年七月七日 星期二 第八版

愛唱歌的民族一定強

姜成濤

什麼是好文章

思果

人間副刊

版面設計展 ③

今日版面設計人⋯⋯

凌明聲

從事各種視覺設計工作

時報周刊顧問

銘傳商專講師

祝福

余光中

鎖連環

奇幻小說

倪匡 47

倚天屠龍記

金庸 659

表姐的日記

又見北平

侯榕生 39

不知名的樹葉

八〇年代的塵埃

王汎森

第一次見到高信疆先生是在高一那一年，那天他在羅斯福路的「壽而康」請我們吃了一餐中飯。記得當天正是他所編「海外專欄」結集成書出版的日子，書名叫做《春來燕歸人未歸》。高先生將手頭那一本樣書送給我，並一再對書的某些部份表示不滿意。

高先生當時引進海外的一大群學者、文人爲台灣的副刊寫文章，是台灣文化史上的一件大事，這些海外學者與文人爲七〇、八〇年的台灣文化界帶進許多原來沒有的內容與觀點。高先生英文不算頂好，但是在當時居然能與大量海外學者文人取得連繫，而且以最大的努力邀稿，確實是一件極不容易之事。而當時人們對這一個全新的網絡也非常矚目，我記得高先生有三大本地址及電話號碼簿，曾經有一位資深文化人進入「人間」副刊辦公室看到這三本通訊錄時，大呼「原來秘密武器在這裡」！

一九八一年，我應高先生之邀到副刊當編輯，到班一個禮拜左右，便因研究所課業繁重，開始向高先生請辭。高先生爲我的上班時間作了種種調整，事實上等於是半捐助那份薪水給一個正在讀書的年青人，今天想起，依然感到相當慚愧。即使這樣，有一次我還是堅決想走。當時高先生似乎受到報方很大的壓力，要他將副刊通俗化，並交來兩份他不大以爲然的小說稿。而我適在小說開始連載時再度提出辭職，我記得高先生問我的第一句話是：「是因爲我們最近刊登的小說嗎？」三十多年後回想起這一刻，讓我警覺到當時他在報社的境遇相當不穩，而他又有很強的尊嚴感，未必看得上那兩部小說，所以自然有此反應。

到「人間」副刊時我很快發現高先生對知識的渴求。當時我正在精讀清代大儒戴震的幾種著作《緒言》、《原善》、《孟子字義疏證》，正在思考「善」的社會後果與原初意圖之間的出入，或者說是「善的弔詭性」。我當時始終認爲《孟子字義疏證》精微的文字中充滿這方面的訊息，而且這個路數是從戴震早年相關著作一路發展過來，宛如一條河流，在《疏證》一書得到最具體的表現。戴震想區分出社會性的、物質性的、經驗性的善，以及過度抽象的、過度超越的而在他看來最終反而沒有實質性的善。這是我當時每天在想的問題，因此不自覺地常與高先生談起。他表現出很大的興趣，而且不只一次鼓勵我將它寫出來，但是很慚愧一直到今天我都不曾動手。

有一段時間，我對西域史地興趣非常高，所讀的書也以這方面爲主，高先生聽我談起，竟也要了幾本書去讀，記得其中包括一本馮承鈞的《西域地名》。

因爲高先生對學問深厚的興趣，我曾一度建議他，時報出版公司應該編一本國際性的中文學報，但每次高先生都苦笑搖頭。後來我每次想起這個提議，就覺得幼稚。這個幼稚的提議其實也反映了一九八〇年代副刊的一種氣氛，那種氣氛現在已經不大存在了，那就是文化與學術還同在一個平台上，兩者還不是橋歸橋、路歸路那樣涇渭分明。當時余英時、林毓生、張灝、杜維明等先生的學術性短文（有時甚至是長文），就常常出現在副刊，所以副刊既是文學的，也可以是學術的。

當時副刊的這種獨特風格，使我想起一件佚事。那就是當我第一次與高先生見面時，《聯合報》副刊正在連載余英時先生〈反智論與中國政治傳統〉，這篇文章在當時台灣知識圈中引起極大的震動，人們被它的內容、文筆及表述方式所深深吸引，「反智」這一點又好似針對台灣的戒嚴而發（雖然多年後余英時先生告訴我，他的文章針對的是文革），所以引起很多人的注意。當時《中國時報》與《聯合報》兩大副刊正在激烈的競爭中，在「壽而康」的餐桌上，高先生很沉痛的告訴我，因爲沒能約到〈反智論〉這篇文章，感到非常洩氣。我覺得在這一波紀念高信疆先生與「人間」副刊時，稍稍忽略了副刊的學術面，事實上當時連篇累牘的大塊文章給年青人的啓發或暗示是非常強烈的，很多年青人透過副刊認識到學問的一個新天地。

當時「人間」副刊舉辦的一系列公開講座空前成功，使人覺得空氣中有一種動盪。我還記得在空軍官兵活動中心的一場相當嚴肅的演講，居然吸引了上千聽眾，坐在一旁的陳浩兄說：「這實在很不正常！」我當時對此言感到相當詫異，可是多年之後，當我再也看不到超過百人的學術演講、或是大部份只有十來個聽眾的時候，便開始回味陳浩的那一句話了。

高先生後來投閒置散，開始有許多時間讀書。在他租來的書房裡，我看到數目龐大的書刊，其中有一些我並不熟悉，譬如有一天，他手上閃過一本美國諾貝爾經濟獎得主蓋瑞·貝克（Gary Becker）的《家庭經濟學》的中譯本，並告訴我其中所探討問題，我深爲震驚。我當時只知道貝克的一些頗爲驚世駭俗的經濟思考(譬如說「孩子」是父母的「消耗性耐久財」),眞想好好讀一、兩本他的書,沒想到高先生已經先我一步得之矣。

高先生最後八年隱居北京,根據到北京拜訪過他的老友所述,他北京的房子到處是書,我想高先生終於享受「萬卷書海任遨遊」的日子了。這萬卷書中居然還有一本我的《晚明清初思想十論》,而且一如往常的,高先生對此書竟有過份的稱許——這是他鼓勵人們的方式,也是一種激勵的方式。

從我當年親身的觀察,我覺得高先生永遠不以所完成的東西爲滿足,內心總是緊張、掙扎、不滿意,時時刻刻在摸索,希望做出最好的東西。我的觀察或許只是片面的,但從這些掙扎,我見識到:一個成功文化人的摸索與努力,和一位偉大的學問家面對研究課題時的奮不顧身,完全是一樣的。

高信疆與我

瘂弦

我在《聯合報》副刊二十一年，編輯生活對我的影響，一直到今天好像還在延續著。風晨雨夕，當年的許多人與事，仍不時在我腦海中迴盪。章詒和有本書《往事並不如煙》，也的確是如此，特別是很多一起工作過的夥伴，甚至曾經「過招」的「敵報」友人，如今回想起來，都好像在同一條船上共過患難的親人一般。因此，溫哥華的子夜，當電話那頭的高信疆太太柯元馨告訴我信疆去世的噩耗，我再也無法入眠，對著窗外的黑暗，眼淚一直不停地流。我心裡說，信疆走了，爲了台灣副刊事業跟我一起打拼的人走了，屬於我們的時代是眞正的結束了。詩人艾略特說，龐德與他相較是「更好的工作者」，而在我們的隊伍中，信疆也是一隻領頭雁。他和我的關係是如此密切，是不打不相識的摯友。提起那一階段的副刊，人們每每把他與我並提，還說我們兩人有所謂「瑜亮情結」，其實也不如外傳那麼嚴重，總之後人評說，總難免把我們兩個綁在一起。如果信疆成立了，我也就成立了；勿寧說，那段故事是他和我合寫的。

我認識高信疆甚早，遠在他就讀華岡文化學院新聞系時，他就是我主編的《幼獅文藝》專訪撰稿者。我們是河南同鄉，他是武安，我是南陽，他們高氏昆仲（信鄭、信譚、信鄖）都是我的好友。雖然我比信疆年長很多，但是我們兩人最談得來，情誼深厚，沒有所謂代溝的問題。我一直以這位意氣風發、才華洋溢、有守有爲的小老弟爲榮。

話要從一九七六年的夏天說起。《聯合報》總編輯張作錦，當年也寫詩，筆名金刀，是我的舊識。有一天他告訴楊牧，他很想請我去主編聯副，不過他說有個困難，在大學我比他高一班，怎可讓學長當部下呢？楊牧說，「文人副刊」主編向來有客卿的意味，這一點倒不必過慮。不過當楊牧向我轉達金刀的這番意思時，我正準備去美國「威斯康辛大學」進修，出國手續都辦好了，不宜更改，只好婉謝。對於聯副這個具有文學重鎭地位的報紙副刊，我是很願意參與的，可惜時間不湊巧。金刀表示《聯合報》願意等我一年，期間由駱學良（馬各）擔任主編，等我學成歸來。事情就這麼敲定了。

一年後我結束進修打道歸國。一出松山機場，就看到高信疆赫然出現，二話不說把我的行李提上他的車子。上了車，他開始發話了，說《中國時報》董事長余紀忠要他來接我，有意請我擔任「人間」副刊主編，並說余先生現在就在辦公室等。由於事出突然，我一時無法應變，就請信疆先載我回家再說。到家不久，門鈴響了，余董事長親自來訪，懇切表達邀我去時報的意思，余先生說：「我快七十歲的人了，從來沒有像這樣請一個人的。早就希望你到時報來，來了以後，你主持國內的工作，信疆主持國外的工作，你們倆是好朋友又是同鄉，並肩作戰，實在太理想了。」

接下來的半個月，信疆一直居間協調，希望能促成此事，並且開出優渥的待遇。記得最後一次到報社見余董事長時，信疆也在場，余先生說他辦公室隔壁就是報社的會議室，各單位主管都在，是臨時召集的會議。只要我答應下來，進了這個門，這個會就變成特別爲我開的歡迎會。當時的陣仗可以用「兵臨城下」來形容，憑良心說，我那時幾乎有點動搖了，不過忽然轉念一想，在台北那麼多年，每次見到余先生他總是稱讚我《幼獅文藝》編得如何好，但從來沒有邀我到他報館工作，爲甚麼聽說我去《聯合報》，才來搶人呢？這恐怕是報業競爭的關係吧，絕對不是我真的有那麼大的價值。這麼想著，心理輕鬆不少，我遂對余董事長說，他的這份知遇我將終生銘感，來日讓我以別的方式來報答吧！君子重然諾，《聯合報》既然已經等了我一年，絕對不能失信。我並且對余先生說，信疆能頂半邊天，應該由他繼續來主持「人間」副刊。余先生沒講話，辭出後我對信疆說：『人間』副刊過去你編得那麼精彩，余先生最賞識你，老馬識途，你重新出山吧。你在『人間』我在「聯副」，我們的情況就像羅馬競技場上兩個決鬥的武士，面對著全場萬頭鑽動，如雷歡聲，不管願不願意都得搏鬥，而且要打個你死我活，觀眾才覺得夠勁，過癮。但是有一點老弟可別忘了，就是當我被你打倒的時候，你的劍不要真刺到我的身上，做個假動作刺在地上就好了。」

我是一九七七年十月一日接編聯副的，沒多久，信疆果然重披戰袍，再一次主持「人間」副刊。從此硝煙四起，龍戰在野，我們兩個難兄難弟就打將起來，打得天昏地暗，丟盔卸甲，不可開交，差點兒賠了我半條老命。不過儘管競爭「慘烈」，但是我們兩個從來沒有玩惱過，動作大，是故作誇張，目的是要引起讀者的注意力和興趣。之所以從來沒有翻臉過，最主要的原因，是兩個人對文化和文學的想法，非常接近，期間並沒有意識形態的對立。副刊編輯的策略雖然不同，但是要表達的主題內容，常常具有很大的同質性，往往他要找的人也是我要找的，他要做的專輯也可能是我要做的，他重視五四時期的老作家及上海淪陷時期的張愛玲，他想藉大量邀約海外作家的稿件，使台灣能成為世界華文文學的中心，以及他比較側重台灣本土文學的建設和青年作家的培養等，都與我的觀念不謀而合，我走的也是這樣的路子。

由於想法的一致，我們兩家的副刊，都沒有參與當時已經掀起的鄉土文學論戰，因爲我們認爲鄉土文學從來就不是問題，沒有討論的必要，眞理愈辯愈明這話不錯，但如果師出無名等於打一場亂仗，那會影響台灣文壇團結，造成族群的撕裂，事後證明我們的想法是對的。如果當時兩家各有百餘萬銷路的大報也參與論戰，情況將不可收拾。

如果要說我和高信疆的作風有甚麼不同，那應該是做事的方法上，在個性上我溫吞，他急進。新聞系出身的他，一切講究速度，在他的字典裏，根本沒「慢」這個字，攻擊和衝刺是最重要的作為，與這樣的對手周旋，是夠累的。我曾開玩笑，說高信疆有新聞記者的「劣根性」，時間因素第一，什麼事都要快，乃是以搶新聞的態度來編副刊。他這個編法，逼得我不得不研究一套以柔克剛的辦法來因應，當時有人分析我倆的戰法，說他善攻我善守，事實上勝敗乃兵家之常事，不管是攻是守，勝利總是屬於失誤最少的一方。

詩人余光中曾經笑說，瘂弦和高信疆，每天早晨一定有一個人吃不下早飯。原因無他，這邊還在組稿，怎麼？對手已經整版推出了。長期對壘之下，使我養成隨時保持警覺的習慣，國內外文壇不管大事小事，都得密切注意，舉凡思潮的轉變，作家的動向，都要在掌握之中，像諾貝爾文學獎的報導，更是要列入年度的重點工作，不容掉以輕心。由於編輯工作大到無邊無際，編輯室常常整夜燈火通明，加班熬夜是家常便飯，有時關於戰況的討論、得失，甚至帶到自己家裡的晚飯桌上。不過無論怎樣競爭，我始終相信並經常溫習孔老夫子在《論語》中說的那幾句話：「君子無所爭，必也射乎？揖讓而升，下而飲，其爭也君子！」我深信，報紙重要，友誼也重要。

信疆和我，一直都是孔老夫子箴言的遵循者。只有一次在一個座談會上，我和信疆卻差點吵了起來。我發言說，副刊選稿有其特定的訴求，最好根據廣大讀者的最大公約數來取捨稿件，而雅俗共賞是必要的。試舉一例，如果詹姆斯．喬伊斯活在今天，把他的代表作《尤里西斯》長篇投向聯副，我一定退稿，建議它改投《聯合文學》，不是作品不好而是不適合。想不到信疆站起來駁斥我的意見，他說他有不同看法，一件作品只要有文學價值，再難懂也應該由副刊來登載，《尤里西斯》也不例外。散會時我問信疆，你眞的相信《尤里西斯》適合副刊讀者嗎？他笑著說，他是看到場子裡有人打瞌睡，才故意製造爭議的話題。雖然他這樣解嘲，但我想他那天是眞的有點生氣了才發飆、對我嗆聲的。總的說來，我們競爭的那些年，基本上彼此都信守了那個原則：劍不要刺在對方的身上，但偶爾擦槍走火，亦屬難免。

退休後，漢寶德、葉維廉、何懷碩、董陽孜等人和我到印度去旅行，信疆也去了。旅途中有人看到我和他坐在一匹大象上有說有笑，就問，怎麼，你們和好啦？事實上我和信疆從來沒有不和好過。名報人成舍我名言：辦報的人沒有成功的一天，只有一天的成功。每天早晨比報發現自己勝過對方，符合了社方「你無我有、你有我好」的工作要求，但是過了中午，眉頭就皺了起來，明天怎麼辦？信疆和我先後退休後，記得有次和他聊天，他說他想了個點子：「我們兩家副刊能不能把當年重要戰役，列出十個來，彼此不商量，每一個戰役各寫一篇文章，然後編成一本書，那該多麼有意思，說不定有賣點哩！」我說：「好啊，恐怕讀那本書就像讀日本小說《羅生門》，彼此都有一套自己的說法，不會承認被對方擊敗。電腦時代，恐怕沒有人有興趣去找那一堆堆發黃的舊報紙堆了吧。」

劉再復有篇文章，題爲〈巴金的意義〉。這裡容我也根據和信疆交往多年，同爲報紙副刊獻身的一些感受和體驗，說一說高信疆的意義。

高信疆是詩人，他用高上秦筆名發表的作品，具有一定的藝術高度。參與《龍族詩刊》時，他曾製作專輯，反思現代詩運動的得失，專輯中唐文標、關傑明的批判文章，引起詩壇很大的風波和爭議，這說明信疆具有濃厚的社會運動家氣質。主編「人間」後，他這種傾向更爲顯著，主要是他全力嘗試改變傳統文人副刊的體質，把文人副刊提升到報人副刊的層次。使副刊具有現代傳播的新思維，譬如新聞性、現實性、時間感和速度感等，更以主動約稿、計畫編輯等策略，擴大版面的容量，產生集中的效果。這是過去副刊所沒有的。人們還記得上一個世紀的二、三十年代，《晨報副刊》主編孫伏園，人們尊稱孫伏老。此公一襲唐裝、寬袍大袖，儀態從容，在報館是客卿、爺們，很少來辦公，半個月才晃到報社一次，稿子一發就是二十天，然後到莫干山避暑去了，那日子過得眞是月白風清，這是老式文人副刊老編的派頭。等到信疆一出，副刊編輯部的日子立刻變得月黑風高，選稿、組稿之外還要開座談會、辦學術會議，主持文藝營的訓練，忙得沒完沒了，此時編輯的形象不像文人，倒像一個呼風喚雨的導演，一個滿頭大汗的節目主持人了。這種改變，都是信疆開的頭，各報相繼跟進，成爲今日副刊的主調。

從文藝副刊發展到文化副刊，也是高信疆的嘗試。在過去，副刊是小說家、散文家、詩人的天下，學者很少到副刊上來。高信疆一反過去的傳統，邀請很多學者登場，特別爲他們開闢專欄，營造一種文化評論的新氣候，很多意見領袖因此誕生，眾聲喧嘩，爲廣大的文化社會創造另一種溝通管道。他的這種作法，跟我可謂「英雄之見略同」，聯副的〈塔裡塔外〉、〈啄木鳥專欄〉也是爲教授們預備的，不過我希望教授們盡量避免長篇大論，所謂「長話短說、雅話俗說、冷話熱說」等等。當時正處於白色恐怖末期，官方對政治消息管制頗多，而對副刊的限制較爲寬鬆。人們打開報紙，各家的新聞都差不多，言論是處於半封鎖的狀態，這使得民間有許多的呼聲無法登上新聞版（正刊），只有借助副刊的版面，如此就微妙地爲知識份子開闢了一條言路，大大增加了副刊的社會參與功能。那年代，如果有一篇激進派的文章登出，大家都會競相走告，引起廣大的注意和熱烈的討論。這是極富建設性的一個發展。

過去台灣各家副刊是清湯掛麵，每天的編法都差不多，版面變化不大，也很少使用插畫。「高式副刊」卻一反過去的做法，特別重視美術設計，原則上主編不畫版，而由優秀的美術編輯以最高的審美觀點設計版面，並搭配生動精美的插畫，作大篇幅的呈現。這是一次革命性的改變。它對後來報紙的編風產生很大的影響。記得當時爲「人間」畫插圖的，是一臉絡腮鬍的林崇漢，他的插圖作品，一時無兩，我很敬佩。「人間」副刊版面革新飆到最高的時候，舉辦「版面設計大展」，每天請一位名畫家來社親自設計版面，當然，不見得每一種嘗試都是成功的，但副刊的面貌大大不同了。我是編雜誌出身，一向也重視版面的美感，信疆創出的新路我十分贊同，乃請來長髮披肩的王明嘉到《聯合報》主持美術工作，棋逢對手，端的是好戲連台，大家看得過癮。

「人間」和聯副都是採用單項約稿和廣向徵稿並重的方式來擴充稿源。不過兩家的作法不同，我約稿方式是勤於寫信，總覺得用雁往鴻來的傳遞方法才比較正式，有禮貌，高信疆的方式是大量的打電話給對方，當時的越洋電話極為昂貴，他的電話特別長，可以跟約稿的對象在電話上聊天，時間長得使對方「叫饒」，直說，電話太貴了，稿子我一定寫就是了。如此凌厲的電話攻勢，當然感動了許多人、交到不少朋友，也因此得到不少稀罕的稿子，大家都為他的誠意所感動。另外，他也常常對外訪求人才，這些人他不一定認識，有時只讀過他們一本書、一篇文章，就去登門拜訪，延攬至報館工作。這種方式是非常令人印象深刻的。人常說幫助、提拔人要來得早，邀孔明出山要是落在劉關張的後面，那就不稀罕了。人才像花，一個好的編輯人，不能一味拼命採花而不去種花，信疆種花的眼光、耐性與功夫，特別是採用的方式是非常特別的。當年他所培植出來的年輕人，很多都已成為今日文壇的中堅，而成為他一輩子的朋友，這些人跟台灣的文化（文學）建設，關係密不可分。而信疆功不可沒。

人常說生不逢時，我卻說生正逢時，我和信疆有幸參與了被人形容為報紙副刊的黃金時代，能夠恭逢其盛，也真稱得上緣份。當時的電子媒體並不像現代這麼發達，網路還沒有出現，基本上大家還是非常尊敬文字。在報紙副刊工作的人，雖然辛苦，但是卻充滿了幹勁，一個個都像是冶金者，日夜披沙揀金，比賽著看誰的金子成色好。一件工作來了，大家腦力激盪，挖空心思想點子，每每選難度最高、挑戰性最大的方式來做，在「沒有最好，只有更好」的要求下，的確留下不少可貴的紀錄。

高信疆常常使我想到美國的巴頓將軍，這位富有英雄主義色彩還帶點豪邁浪漫氣質的典型軍人，強調戰爭只有三個原則，大膽、大膽，大膽！他作起戰來勇猛頑強，親自駕著坦克上陣拼搏，這很像高信疆辦報的作風。對於信疆來說，副刊就是他的坦克，只要有副刊編他就來勁，沒有副刊編，他就悶悶不樂。他甚至把副刊的功能提升到「副刊可以改變一個國家的國民性」的高度，在副刊工作，他永無倦色，全力以赴，無怨無悔。只是，有時客觀條件也未必能夠完全配合他。我非常尊敬余紀忠先生，他和《聯合報》創辦人王惕吾先生，在新聞史上的地位無庸置疑。但我必須說，余先生對於信疆的工作安排和調動上，有些時候是有欠恰當的，是忽冷忽熱的，無形中也造成了信疆的心理上的一些挫折，這是新聞界文藝界很多朋友都有同感的。老實說我的編輯生活從文學刊物到文藝副刊長達四十年，從來沒有看到一個像高信疆那麼熱愛工作的人，沒有工作，等於要他的命。最近的十幾年，他一直隱居海外，很少回台北，他就像一個失去戰場的將軍，給人以悲劇英雄的落寞感。他那踽踽獨行的身影，想來眞讓人感到不忍。

這篇悼文，我不只是爲信疆悲，也是爲我自己悲。大環境變了，整個文化氣候已經不適合信疆和我這樣的人。我們就像恐龍一樣，將逐漸在地球上消失。我哭信疆，也是哭我自己，更是哭我與他共同走過的時代。所幸今日的台灣副刊仍有後繼者、傳薪者，人才濟濟，他們自然有屬於他們自己的揮灑的空間，但是屬於我和信疆的時代，是一去不復返了。

昨夜雨疏風驟

林崇漢

彷彿一陣風，倏忽三十年。

瀟灑熱血的高信疆先生，竟然令人無法置信地自己走去「主耶穌」的喜樂國度。

在台北市教會第十九會所的追念會，送他最後一程，我和大家為高公齊唱聖歌「驚人恩典」，一唱再唱到聲嘶力竭。

整整三十年，不多不少，正好三十年前的一九七九年。他約我第一次見面的咖啡廳，就在追思會所的另一個對角，新生南路和羅斯福路夾角的二樓。從台北市地圖上或口頭說明位置，這三十年前後的「見面」根本等於同一個地點。

這是怎麼樣的一個「奇異恩典」。從這裡開始，又在這裡結束。三十年是中學畢業歌「三年相聚，一朝別離，誰能不依依……」的十倍時空長度。

真的結束了嗎？像一陣雷雨，像一陣風？很沒有真實感⋯⋯

那年，很容易記得，民國六十八年「中美斷交」。《中國時報》「人間」副刊「人間插畫大展」尾聲，孫密德先生邀我為鄭寶娟得獎文章「巫山雲」畫圖。這是我第一張報紙插畫作品。和高信疆先生的因緣，意外地從此開始，沒完沒了。

我依約上了二樓咖啡廳，便見到孫密德和他坐在靠新生南路窗邊的位置。孫幫我介紹白皙、斯文、英俊得像電影明星的高信疆先生，不打誑語，我嚇了一大跳。因為我是醜男，沒問過他，說不定當時他也被我嚇一跳。高信疆的名字，早就如雷貫耳，只是萬萬沒想到長得如此漂亮，武俠小說中總是形容才貌出眾的天下第一高手男主角，無非就是長這樣子，而我，他一定第一次連畫一起認識我的名字。他文質彬彬、舌粲蓮花，而我坐立難安，在絲毫都不登對的交談當中，他邀我到《中國時報》「人間」副刊上班。

然後，我們一同開著一部中華文化傳承中在台灣自己改裝的飆風戰車，開始了十幾年如狂風暴雨、衝鋒陷陣的日子。他很斯文，但是他有無限的野心、開創前人未有的膽識和即使於世界亦屬獨樹一幟的文化藝術內涵以及羅織國際一流文藝學者的君王式才幹；我很「宅」，但是我將他的飆風戰車裝點得更加威猛精準。「聯合副刊」的瘂弦，也是「文起八代之衰」的掌門級詩人，也裝了一部朋馳坦克，和我們在當時全世界唯一華文最火紅、文藝激戰熾熱的沙場上，廝殺飆將起來。

那時，飆風戰車和朋馳坦克捲起整個國際華文界最大的龍捲颶風，一時風雲變色，飛沙走石，日月無光。不管是飆風戰車或朋馳坦克，都很「殺」，我們「殺」出一條新時代新文化的文藝血路。熱騰騰的熾烈火焰，把遍野的天際映照成一片血紅。那時代，大陸塊那一邊「文革」方酣。台灣這一團巨大旋風，在世界上正是別無分號。在華文文藝史上，堪與「五四運動」相比，毫不遜色，尤其發生在台灣。多麼壯懷激烈的浪漫！回想起來，眞是令人魂縈夢牽的時代…

六十八年十月初的那天晚上六點，我第一天準時到班。高信疆先生親自和我研討第二屆「時報文學獎」揭曉版面。然後和孫密德便相邀出去共謀大事。留我這隻菜鳥很用心根據高先生的指令設計版面並立即在版面正中央以寫實的手法，當場畫就一隻利爪緊握捲報的展翅大老鷹。駱紳看我完成的版面，目瞪口呆，樂得合不攏嘴：「赫！好唉！嘿嘿……明天把《聯合報》嚇死……。」我立刻意會戰爭對手是《聯合報》。而且，不是一天兩天，簡直天天戰況慘烈。在《中國時報》的那十幾年間，天天打得昏天暗地。

後來發現兩報的戰事，不是只有輸贏，而是文化、文學、思想、藝術……的互相激盪，更上層樓，創造前人所未有的新境。就像擂台上兩隊文化戰將，時而比賽切磋，時而眼紅上火，大家明顯驚覺競爭形成一股席捲台灣甚至整個華文世界的文化氣旋和藝術新象。

同事間客氣時，稱《聯合報》爲友報，通常是稱敵報。當時看來，兩報廝殺，爲的是業績和報業勢力。其實，偉大的文化聖戰和成長，就是這樣廝殺出來的。

高信疆先生像個運籌帷幄於千里之外的大將，秉著一身傲骨和令人懾服的才情霸氣，擁抱文化藝術的熱情和理想，我一生中第一次，也是唯一一次遇見如此一位眞實性情的熱血漢子，如此爲理想而奮戰不竭。他俊秀的眉宇之間，不怒而威，在他面前我經常不用流暢言語，只用設計和繪畫爲他妝點他的「飆風戰車」，因爲他對文化旺盛的使命感和熱力，那時期的「人間」版面有一半總是充滿糾結的殺氣和力道。那時代的氛圍，所需要的青春和吶喊，不在屏東犁丁，而在「人間」「高信疆」。他可以口若懸河的把唐詩宋詞倒背如流，下題不是如有神助，而是下題如神。他的戰將不是只有「人間」的諸君，而是海內外的英才學者。被他望遠鏡、顯微鏡發現的人物和文化、思想、藝術事件，即便在夜半三更，也會手到擒來，無不服膺。所以，雖然他通常常在辦公室親自督軍，但也常常出草擄掠人物和議題。

副刊作業正常程序，十二點下版，凌晨一點報紙印出來。但是，不只一次的，差五分就半夜十二點，他從外面戰場急電回來，要駱紳將全數版標題唸給他聽，總見駱紳神色倉皇，一邊擦汗一邊急奔地下到已經打烊的打字室去央求人照相打字，有時還得充當工人親自排字，因爲標題幾乎全改了。駱紳不愧是高先生死忠愛將，明明已經不可能也從來不說：不會或不能。他拼老命也會把不可能變成可能。這就是高信疆的陣前無堅不摧的執行大將，會用人，也是他越戰越勇的威力來源之一。

他的思緒細膩、敏捷而尖銳，作風大膽而前衛，當時尚未解嚴的時代，許多思想環境的禁忌，某些人看來像頂撞叛逆，其實是無畏的文化前瞻。他一一衝開周圍禁梏的烏雲，開創空前的議題，挖掘被社會忽略在陰暗角落的人物、事件。台灣社會眼界豁然大開，打開所及，璨璨朗光，照射的，飆出文藝界的線界，波及各級社會階層。這是文化事業者始料未及，也從來不敢想像的境界。

當時的副刊，在高信疆眼中，天天都必須是強打，每張「人間」都必須是經典。發表的作品、討論的文化議題、推展的活動、研究的現代藝術全都要求頂尖。他是第一個深知利用版面的視覺性感染力量和讀者互動的主編，不論整個版面的安排、設計，視覺焦點的圖象，甚至全版中任何一點、一勾、一條別人以爲無所謂的細線，只要不妥或多餘他都嚴正要求做到絕對完美。這種懂得利用視覺震撼，加強、擴大內容的渲染力道和效果，乃開國內副刊前衛版面設計全新風格之先河。國外報紙，幾乎沒有所謂副刊，或者聊備一格，因此，這時代的「人間」簡直獨步全球。連新加坡的華文報紙都經常剽竊我們的圖文片段。這樣的戰，打起來，辦公室裡每個人無不神經緊繃，每天過著有如攻城略地、滅火救災的日子。

他開創過許多諸如「傷痕文學」、「鄉土文學」、「報導文學」等等的文學運動，都成了不朽經典。

沒想到，一九八一年，他又策劃展開「人間副刊版面設計大展」，邀請了社外各界和視覺藝術有關甚至經過調查具有相關能力的文藝界精英，例如建築界的陳其寬、畫家李錫奇、詩人林耀德……等等，來幫「人間」副刊每人負責一天的副刊版面設計。

版面設計是他向來最重視的，卻如此大膽請各方「開雜人等來玩弄版面」。當時版面設計是我的專責，要進行這項活動時，內心難免心驚肉跳，每天帶著上述字眼的憂慮上班。結果證明我的擔心不但多餘，而且大開眼界。

不是專業來做版面設計自然必須擔負意外風險，尤其每位受邀各方名家都是當場構思、當場作業、當天上版。當然大多數設計人只提供構想設計草稿，然後由副刊美編完稿，但是也有一些膽子特大的堅持要自己完稿。大家都不知道當天會出現什麼意外場面？這期間過得眞是驚心動魄，當然，風浪見多了，我們的美編都能見招拆招，也都在驚訝中讓每個版面有個完美的完稿。

試想想，各路十之八九從來沒有摸過版面卻有獨特想法的英雄好漢，所設計出來的版面，眞的只有千奇百怪能夠形容。有一個設計非常大膽，將當天的內文和標題全部安排在一個直徑幾乎等於版面全寬的大圓，大圓之外，除了下邊一列連載其他完全空白，也沒有通常會出現的任何圖像。高先生能接受如此奇特、簡單而捨棄許多文字和空間的設計，讓它刊出，我衷心佩服。

另一個令我印象深刻的是，天才詩人林耀德。他在版面中央，「人間」字樣以超特明體放大再結合一個大地球，連字帶圖完全手繪，佔據全版五分之二的空間。除了內文和小標題，全部親手完稿。

這「人間副刊版面設計大展」轟轟烈烈的進行五十多天，給了國內副刊一個空前的超級衝擊，也給我們專業設計美工莫大的啓發和省思。

高信疆不少發表過的詩作和文章都屬名「高上秦」，詩文之間射出的烈焰和氣勢，以及「人間」副刊如狂風暴雨般的大膽識、大雄心、大壯志、大使命、大才氣、大作爲，不難隱隱約約嗅出「文化秦始皇」的味道。我想，如此說他，雖不中亦不遠矣！他已經無愧於「高上秦」之名。但是，他的「霸氣」有一團和煦而熱情如春風的光環，吸引各方文士，有如百鳥朝鳳，身邊經常出現三教九流各類拔尖朋友、社會名流。他雖自負，但是更愛人才和眞理，有盟主的昂然氣度和俠義精神，卻非「千山我獨行」的孤俠；高朋滿座、把酒言歡的情況常常在他家裡、餐廳或者荒郊野店上演。

他喜歡帶團，以文會友。如果沒有加入他這部「飆風戰車」，我這宅男絕對無緣見識台灣無數頂尖的作家、學者、藝術家。

不定是年節時刻，他總有理由聚集八方英雄豪傑，塞爆他家裡的客廳、書房。許是嘲諷時事、切磋思想、玩弄詩詞甚至笑話、鬼話，全都無忌。玩瘋了，十點半、二十一點、初現江湖的電玩，全都可以出籠。在這裡，常人見不到的名作家的「本性」，可以一覽無遺。

在餐廳喝酒，他喜歡行「飛花令」，吟詩擊箸，罰酒嘻戲，頗有古趣，充滿浪漫。

做完版，不只一次，不甘願回家，帶著辦公室眾將官驅車到「碧富邑」飯店，他買兩千多塊的代幣發給大夥，鬼都已經在睡覺的三更，用「飆風戰車」的威風，打星際「小蜜蜂」，打到五更。張大春差點把機器都打壞。十幾年和他這彪炳將軍急如星火的作戰日子下來，確定他其實也是個童心未泯的愛玩美男子。不知道是不是「巨蟹座」的影響，帶著我這「摩羯座」的宅男，他說東我不敢往西。

高信疆是個百年難得一見擅長策略和領導的天才文將，詹宏志封他爲「紙上風雲第一人」應無過譽。但是，他在我腦海中日月點滴形成的兩個影象，一個是「羽扇掄巾，談笑間，強虜灰飛煙滅……」的將軍，一個便是革命「烈士」。

之前，好多年前了，高信疆和瘂弦，同立於印度和中國大陸的邊界，兩人手指西藏大地，欲言又止，然後無語。如今，高信疆的「飆風戰車」，只見煙塵遠去。另外一部「朋馳坦克」好像停歇在北極之南的一處香格里拉。

人間戰鬥

駱紳

有一位成功的企業家，事業版圖擴及全球，他經常像空中飛人一樣，搭飛機到各地巡視，督促子公司的營運；企業家樂在其中，他的秘書可受不了。

有一天，秘書遞出辭呈，理由是不想再失去跟家人相處的時光。企業家很疑惑，問秘書說：「你跟著我這麼多年，像跟著亞歷山大南征北討，立下彪炳戰功，別人羨慕都來不及，你爲什麼卻要走呢？」秘書想了想說：「老闆，每個人都記得亞歷山大，可是你知道亞歷山大的秘書叫什麼名字嗎？」

高公過世之後，我心裡一直想著這個故事，因爲高公跟這位企業家正巧相反，他懂得識人、用人，給別人機會；幾十年後，大家不但還會記得高公，也會記得跟隨他打天下的伙伴。

高公走後，至少有幾十個「秘書」寫文章追念他，這些「貼身秘書」每一個都跟高公在不同時段、不同崗位有過一段非比尋常的情緣；而他們的名字大家都耳熟能詳，同時各自成爲一方人物。我們常說「一將功成萬骨枯」，高公卻不是這樣的人，他從來不會獨享成功的果實，反而把一切歸諸朋友，眞正做到「燃燒自己，照亮別人」；被他拉拔過的年輕朋友成百上千，他們成就了自己，也一起締造了「高公傳奇」。

我在高公的團隊裡是跟關紹箕、孫密德、梁章通同屬黃埔一期的元老，我進時報的時候，高公接手「人間」副刊的編務兩年，當時「人間」的三口組：關關是編輯、密德跟小梁是美術設計，還缺一個跟工廠打交道的編輯助理，我上工之後，就是擔任這個職務。

這工作不好做，難怪高公一開始就說不用女生。編輯助理每天要下工廠，工廠的組版師傅火氣都很大，有一天高公發了一個「現實的邊緣」專欄，介紹的是離島風光，他要我跟組版師傅溝通，把文字盤成一個台灣島的樣子，讓密德把照片嵌進版面。當時沒有電腦，師傅盤文要拿空鉛佔著位置，一小塊一小塊慢慢兜，問題是空鉛不好計算，第一次盤，剩下太多字，拆開再盤，這次文字卻不夠，師傅邊罵邊盤，花了四個小時，終於完成，他只丟下一句「神經病」就走人了。

這整個過程雖然火爆、對立，不過終究弄出一個史無前例的怪版，這下子連廠長都對我刮目相看了。工廠的人本來都叫我「駱編」，後來就改口叫我「鹿鞭」，而且還用台語，這才傳神；在他們心中，大概「鹿鞭」就是有夠力，等同威士比的意思，遠遠看到我，都會招呼說：「鹿鞭又來啦。」

我在樓上的編輯部，大家都對我不錯，叫我「駱爺」；下了工廠，卻被叫成「鹿鞭」；在人間的十年，我每天樓上樓下的跑，感受兩種截然不同的稱謂，好在我阿Q，沒瘋掉，還有些自得其樂。

高公自從多了我這個人手，工作上方便不少，對工廠的作業好像打通雪山隧道，障礙搬開了，改版頻繁，跟對手報拚起命來，也更加不手軟。他日夜都會接獲不少密報，誰要來台灣了，誰又寫了什麼稿子了，反正只要有好的作品到手，他都等不及，立刻就要換版。

最棘手的一次是過年，高公策劃一個「老外在台灣過年」的專輯，本來打算年初二才登，但是稿子來了之後，發覺都寫得不錯，臨時決定提前到初一見報。過年版面一般都是提前預發，這一調動，連載必須跟著改，年初二已經打好的版整個全動了，我只好硬著頭皮去打版的工人家，拜託他再來打一次。

打版的工人就住在報社隔壁，我登門跟他說明原委，當時他已經燒了紙錢、放完鞭炮，年夜飯就要開動了，聽我說完話，他睜大眼睛，簡直不敢相信會有這麼離譜的要求，嘴裡碎碎唸著跟我回到報社，用幾乎要哭出來的語調跟我說：「鹿鞭，今天如果不是過年，我真的會罵粗話，用三個字問候你媽媽。」

七〇年代，台灣經濟起飛，報紙廣告跟銷售都飛躍成長，我進報社沒多久，報紙銷量就突破六十萬份，後來七〇、八〇……，兩大報都看向一百萬份，競爭無日無之，廝殺極其慘烈。高公的人脈廣、創意多，「人間」副刊在他手上，從「報屁股」變成了戰鬥單位，雖然版面編排常讓工廠頭痛，不過從銷售成績來看，這些麻煩確也有其必要。

人家都說演戲的瘋，看戲的傻，我們當年追隨高公，時時刻刻繃緊神經，把平面的副刊園地發揮得淋漓盡致，不但瘋很大、傻很大，簡直可說是在玩命。不過現在重提往事，心中竟然依舊激動、興奮，顯見我們真的喜歡這種玩命生涯，也就怪不得別人。

人在江湖，身不由己。高公為了「人間」副刊，一方面體力滿載，另一方面，約了稿，萬一登不出來，也是壓力不小；外界就曾經以雪山飛狐所說，「結客四方知己遍，相逢先問有仇無」來形容編務難為的高公。如今高公的英年早逝，可能跟過去工作太賣命、內外交相煎迫有必然的關係，不過人們對自己熱愛的工作，總是像情人熱戀一般，愛到深就無法抽身，飛蛾撲火也在所不惜，我們送別高公，除了兩行熱淚，也覺得他義所當爲，不枉此生。

走過人生精華的歲月，打過激情難忘的戰役，大家對當年地獄般的煎熬體驗，其實都很眷念，對帶領我們的高公，每個人則心懷無限感激，願他安息，祈求他的精神與我們常在。

永遠的文藝主帥

阿盛

一九七八年春，楊乃藩先生要我到《中國時報》社面談，隨興閒聊不多時，就敲定了上班的事。那時，我甫自東吳大學中文系畢業，對新聞業完全沒有概念，勉勉強強一邊做一邊學，名義上是編輯，也兼充記者；至於歸屬什麼部門，不很清楚，迷迷糊糊做這做那，以爲報社大概就是這樣，「隨機」工作就是了。

隔年，好像是。也許未隔年，說不定。高上秦先生說：「你到「人間」副刊來吧。」我自忖，既是新手，又只寫過幾篇文章，頗有些猶豫，高先生還是那句話。於是，硬著頭皮到副刊。

坦白說，從此開始才眞正「上班」了。

高先生的人格特質，最明顯的是器量寬廣、要求完美。我沒聽過他對誰說重話，也未曾見過那麼全心投入工作的人。當然，在這樣的「主帥」麾下當兵，是榮幸，卻也夠辛苦。其時的老編駱紳，吃苦比我多了許多，我不用因爲高先生臨時決定抽版而到排字房印刷廠挨罵，駱紳逃不掉，他很可憐。可是，我們想來想去，高先生無日無夜的打硬仗——與聯合副刊打仗——，親自衝鋒陷陣，我們這些當兵的喊什麼苦呢？

所謂千軍易得，一帥難求。眞的是。高先生的爲人行事，我學不來，但跟著看著，總也能領悟一二。他尊重寫作者，一點不矯揉，勿論是年紀大或年紀小，他都以禮對待，自然而眞誠。我是個喜歡觀察的「文藝青年」，完全看得出高先生那種雍容大度是一半天生一半涵養，百分百是做得大事的人。

戰後新生代寫作者，料是絕大部分都與高先生見過面並受到鼓勵，不論屬何族群。若認眞算數，可能台灣籍的更多些。這樣的器識胸襟，三十年後的今天都未必多見。唯大才有遠見先見，信然。

跟著主帥跑的人，不只我與駱紳，還有林清玄、古蒙仁、張大春……。記得大春彼時還在輔大讀書，常到報社來。余老先生一次在家裡招待員工，我與大春商量好合作表演餘興節目，節目就以「高主編約稿」爲內容，帶些笑謔。之後，同事說：「你們演得太露骨，不怕得罪高公？」我笑笑，問這種話，實在是不瞭解高先生，不答也好。

高先生被人誤解的事應是不少。他年輕就受重用，不免遭嫉，有些人會說些什麼話，他當然耳聞。可是，我在「人間」副刊一年多，根本沒聽他說過任何人一句壞話或澄清傳言。實話，我佩服他這種大將之風，不遜於佩服他的大將之才。他是能忍呢？或是不在乎呢？我不曉得，我曉得的是，不論因何如此，這種人萬中難得其一。再且，他主持「人間」副刊時才三十出頭——更早一次主編副刊時不到三十歲——，而沉穩若是，相當令人驚嘆。

常有人說，余老先生識才，確然。我從另一個角度看，高太太識才還較余老先生爲早。天生這樣一個將帥才，注定要天馬行空四方遍，做他的妻、子，想也知道一定得比別人更堅毅。就我所知，高先生不惜財，他可不是爲錢去做事，他是滿心爲理想理念去做事。他獲得豐厚報酬，是一種結果而不是一種動機。我自信此言正確。高太太輔佐他，包容他，我親眼所見。良心話，以常情推論，若非柯元馨女士伴著，高先生也許眞會飛得不肯落地，他的激昂情感實非一般人所能想像。

離開副刊，我與高先生較少見面。關於他的消息，總會有人告知，我想，形容他是「失去戰場的將軍」未必恰當，他永遠有用不完的熱情，永遠在打不同形式的仗，他一直沒有失去戰場。而今，他離開世間，他的戰績將被永遠記住，他是「永遠的文藝主帥」。

經典寶庫，文化再生

李瑞

近幾年來，白先勇大力推動青春版《牡丹亭》巡演，不但創造了口碑和票房，也使崑曲這種優雅的古老劇種獲得再生，廣受觀眾好評和歡迎。

二十多年前，高信疆就曾以相同的「活化古典」理念，籌畫了「中國歷代經典寶庫」（青少年版），在出版史上創造了青春版《牡丹亭》一樣的轟動效應，而且長銷迄今，銷量打破歷來的套書紀錄。

一九八一年六月，「中國歷代經典寶庫」進入書市時，猶如一頭巨鯨浮升海面，讓從事出版的台灣業者瞪大了眼睛。全套四十六冊，精裝本，深紅底色燙金字，典雅又貴氣。版權頁註明：初版一萬套，定價全套新台幣一萬三千八百元。一萬套，是一億三千八百萬！業界說，高信疆構想的這套書，初版就讓時報出版公司賺了七千多萬。

·

高信疆是在一九七八年二度主編「人間」副刊後兼任時報出版公司總編輯，他太太柯元馨也結束了自創的言心出版社，轉任時報出版經理。不久即成立編輯委員會，聯手籌畫「中國歷代經典寶庫」；從二十五萬三千多部的典籍舊藏裡歸納綜合，擇定《詩經》、《山海經》、《孫子兵法》、《莊子》等四十五部經典，邀請四十多位學者進行編撰改寫。

這個大工程費時兩年多完成，高信疆也花了三個多月，字斟句酌寫了五千字出版前言〈一個中國古典知識大眾化的構想〉，從中國歷代經典的博大精深，力陳古籍再生的重大意義：

> 在中國傳延千古的史實裡，我們也都看到，每當一次改朝換代或重大的社會變遷之餘，都有許多沉潛會通的有心人站出來，顛沛造次，心志不移的汲汲於興滅繼絕的文化整理、傳道解惑的知識普及……他們或以個人的力量，或由政府的推動，分別為中國文化做了修舊起廢、變通傳承的偉大事業。……當我們回溯了現代中國的種種內在、外在與現實的條件之餘，中國文化風格的深透再造，中國古典知識的普遍傳承，更成了炎黃子孫無可推卸的天職。

中國歷代經典壯碩浩繁，經歷了綿延久長的世代，許多人都有無從讀起之嘆。而且文字及語言的表達也有變化、更替，閱讀起來難免有所隔閡。尤其是沒有文言文基礎的青少年，吸收更為艱難。他強調這套重新編撰的經典，「具備了活潑明白、深入淺出、趣味化、生活化的蘊義。」因為，它的出版定位是「青少年版」：我們也曾考慮過一些其他的字眼，譬如「國民版」、「家庭版」等等，研擬再三，我們還是選擇了「青少年版」。畢竟，這是一種文化紮根的事業，紮根當然是越早越好。在最有吸收力、閱讀力的年歲，在最能培養人生情趣和理想的時候，我們的青少年朋友就能與這些清澈的智慧、廣博的經驗為友，接觸到千古不朽的思考和創造……。

在序文的結尾，他以如詩的語句寫了感性的期許：

我們衷心希望，這套「中國歷代經典寶庫」青少年版的編印，將是一扇現代人開向古典的窗；是一聲歷史投給現代的呼喚；是一種關切與擁抱中國的開始；它也將是一盞盞文化的燈火，在漫漫書海中，照出一條知識的，遠航的路──

・

「中國歷代經典寶庫」出版後不但廣受各界好評，創造了空前的銷售業績，也獲得一九八一年金鼎獎「優良圖書編輯獎」的肯定。爲了慶祝這套書的成功，時報出版公司在一九八一年十一月十九日於大理街的《中國時報》新廈四樓舉行盛大的出版酒會，到有各界來賓近六百人。會場布置古樸典雅，並請知名廣播人李季準製作中國音樂，穿插簡介每一冊書的原著、特色及編撰人，使會場倍增活潑、幽雅的氣氛，也使許多來賓對這套大書增進了不少了解。《中國時報》董事長余紀忠，感謝所有編輯委員、編撰者、繪圖者的辛勞，特別致贈每一位派克銀筆一對，由台大中文系教授裴溥言代表受贈。總統府資政陳立夫致詞時表示，這套書的出版，「能幫助更多對中國歷代經典所知不多的現代人，使他們經由簡明的文字，吸收文化的精髓。」他曾以科學的方法，有系統的把四書加以分類，整理成《四書道貫》一書，深爲了解活化古籍的重要及艱難，對時報出版「中國歷代經典寶庫」的眼光與魄力一再表示欽佩。

首屆文建會主委陳奇祿，則以有點遺憾又極讚佩的語氣說：文建會籌建之初他曾將整理中國傳統文化列入構想，沒想到時報出版已先進行，他覺得很高興，因爲民間擁有豐富的物力與人力，也許可以做得比政府更好；「中國歷代經典寶庫」的出版，已經證明了這一點。

知名散文家梁實秋說話一向幽默，他認爲這套書雖定爲「青少年版」，內容卻是「老少咸宜」：「像我這把年紀，看書看得也不少了，可是這套書裡有若干本我也沒看過，現在利用這機會好好看一看，覺得自己也沾了青少年的光，變成了一位朝氣蓬勃，既古典又現代的『青少年』。

對於中國新一代青少年能擁有「中國歷代經典寶庫」這套書，梁實秋更表示無上的祝福與羨慕。

「在我的青少年時代，可沒有這樣的幸運啊！」他說。

高信疆一九八三年離職赴美遊學後，時報出版公司也陸續將他的「文化再生」理念予以延伸擴大，於一九八七年發行「中國歷代經典寶庫」口袋本袖珍版，並將套書解套分開出售，累積銷售已達一〇六萬冊；一九九八年發行重新包裝的普及版，累積銷售也已二十五萬冊……。文化不斷再生，高信疆籌畫的「中國歷代經典寶庫」，是他獻給台灣青少年最重要的文化禮物。——他締造的紀錄不但空前，至今也還沒有被其他出版業者打破。

在另一個空間相遇

張香華

初識

說是「初識」，其實是「初聞」。因爲我是從聲音中首次認識高信疆先生。

一九七七年柏楊剛出獄不久，我也才結識柏楊。那時他家破人散，暫時寄居在老友羅祖光的車庫，地點在敦化南路他入獄前故居對面的巷中。羅祖光的車庫爲了柏楊寄住，改裝得十分考究，地上舖著地毯，牆上貼了壁紙，全套的辦公設備，擺著沙發、茶几，就成了辦公兼會客場所。一座大書架把空間隔開，裝了扇門，裡邊成爲臥室。那時，敦化南路雖然不像今天發展得這麼繁華，祖光的家仍屬台北市要津，足足可以容納四部汽車的車庫，就成了柏楊出獄第一個安身的地方。

那個仍透春寒的夜晚，柏楊向我說：今晚有一位很重要的人要來看我，妳暫時到臥房迴避一下，他離開了妳再出來。時候到了，訪客果然出現。寒暄之後，我聽到他們開始交談，這一談竟談了兩個多小時，其間因爲好奇，我從門縫裡偷偷向外張望，只看到來客是一位相貌英俊、氣宇軒昂三十歲左右的年輕男子，他的聲音很富磁性，卻音調低沉，所以他們談話的內容我始終聽不清楚。忽然想到古書上形容美男子「面如滿月、鼻若懸膽」，心想大概就是指這個模樣吧。

客人離開後，柏楊向我說，他是《中國時報》的副總編輯，也是「人間」副刊的主編，代表《中國時報》來向他邀稿。我向柏楊說出心裡對來客「面如滿月、鼻若懸膽」的印象，柏楊立刻開心的笑著說：他是我們河南人。

從此，柏楊在《中時》的「人間」副刊，每週發表一篇三千字的專欄。這一寫寫出了日後彙集成《活該他喝酪漿》……等五本雜文集，是柏楊晚期最成熟的雜文作品。而柏楊走出牢房，復出文壇，就是從這裡開始。

今天的讀者很難瞭解在報禁未除、黨禁未開的年代，一個政治思想犯，一出牢房，立刻在《中國時報》這獨一無二的有公信力的媒體「大鳴大放」的隆重意義，眞只有「石破天驚」四個字可以形容吧。

『異域』的文類定位

一九六六年美國作家卡波特（Truman Capote）以理性、

犀利、精準、深刻的筆調，刻劃出人性中的陰冷、幽暗，以《冷血》這本「報導文學」（又稱「紀實文學」），帶動了世人寫作「報導文學」的風潮，從此這種以眞人眞事採訪爲主軸的寫作，蔚爲風氣。柏楊的『異域』，其實早在一九六一年出版，卻沒有人把它定位爲「報導文學」。『異域』一書的影響，雖喚起華人的民族認同，與對弱勢的人道關懷，而在台灣文壇上，沒有高信疆的倡導，它只是一支孤軍，或者因「妾身未明」（柏楊用他小學初戀女同學「鄧克保」爲筆名）不但沒有引起寫「報導文學」的風潮，許多人還把它歸類爲「戰爭文學」，甚至是名實不符的「反共文學」。直到信疆在八〇年代《中時》的「人間」副刊，帶領一支少壯的「報導文學」隊伍，林清玄、古蒙仁、陳銘磻、吳念眞……，舉起台灣「報導文學」大幡，樹立在台灣文壇的土地上。一九八二年初，信疆更請我陪同柏楊一起赴泰北金三角實地採訪，繼連載之後，出版《金三角．邊區．荒城》，是爲『異域』的完結篇，而《異域》終獲得正式文類定位。

所謂「紙上風雲第一人」，倡導「報導文學」不過是信疆在文化界呼風喚雨的一聲輕雷。

期待在另一個空間相遇

一度信疆和他的夫人元馨與我們相鄰而居，他們夫妻倆有時帶著兩位公子來看望我們，那時老大士軒十歲上下，忠厚沉穩；老二英軒五、六歲，聰明靈活。有一回我開門讓他們進來，英軒進門後，一個箭步衝到冰箱前，打開冰箱：「怎麼沒有汽水呀！」眞是稚態可掬。元馨這些年虔誠信奉基督，見面都談聖經。往往柏楊搶先聲明自己老早就受洗了，在我這個「非教徒」面前，他們好像在比誰先「入門」似的。信疆離開香港《明報》之後，漸漸失聯。五月初聽到噩耗，當然吃驚。繼而想一想，他們這一老一少，現在都先後到另一個星球去了。我們期待他們在另一個空間相遇；當他們的靈魂在空中相會，又會互放出異樣的光芒。

飛雲

當我們昇起
低低的縈繞著靄昇起
低低的星 月
映著我們的旅途
飛

——高上秦〈鷺鷥〉

赴美深造一九八三

上圖／
一九八四年秋天參加
愛荷華大學「國際寫作計畫」。
左起：保羅安格爾　聶華苓
高士軒　高信疆。

下圖／
在威斯康辛大學
右起：羅大佑　高士軒
夏宇　高信疆。

左頁／
柯元馨與高士軒自台北飛到威斯康辛大學
探望高信疆，一同去旅遊。

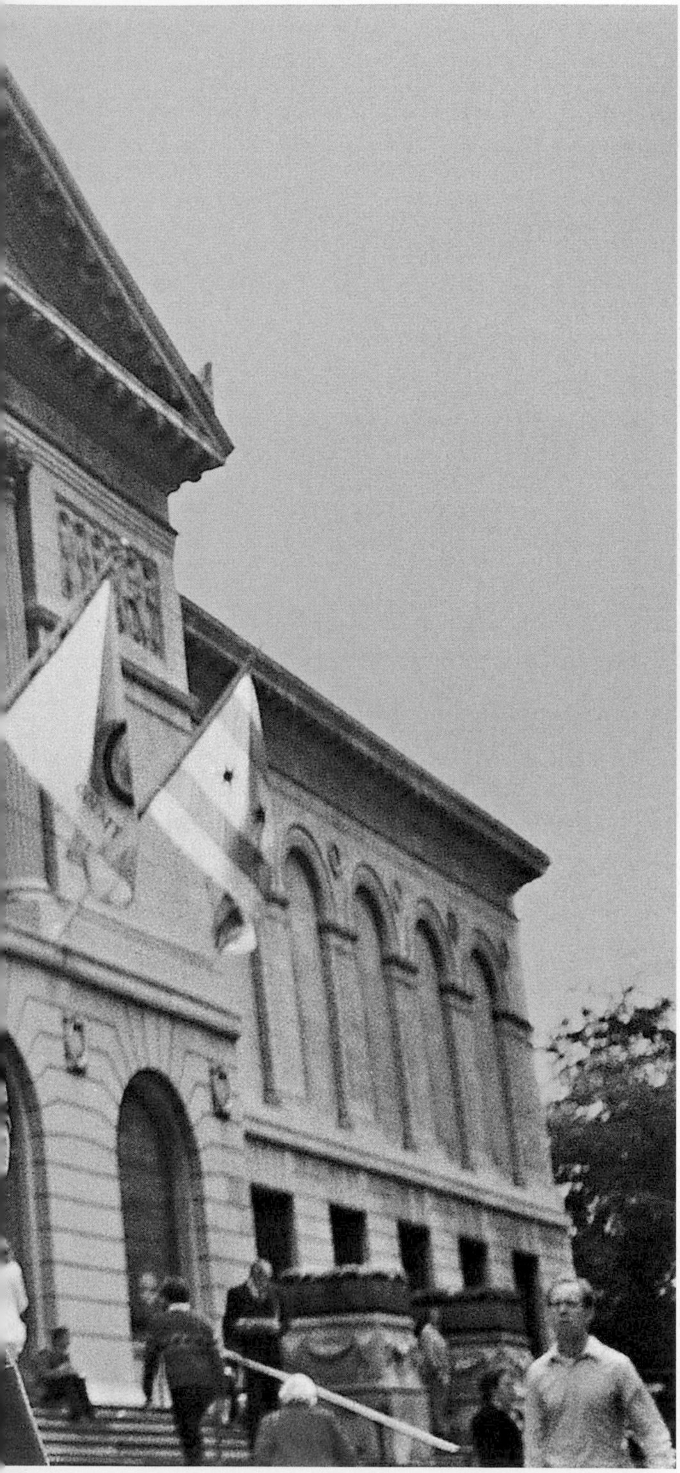

右圖／
在威斯康辛祕密基地滑雪。
右一羅智成。

左圖／
與古蒙仁（左）
參觀美術館。

創業──造型象棋一九八七

造型象棋在新加坡展覽。

左起：新加坡畫家黃意惠　陳瑞獻　高信疆　友人；

右一台灣雕刻家吳榮賜。

造型象棋在南洋商報展覽會場，高信疆（中）正在向當地文化界人士介紹楊柏林作品「對對佳偶」。

上圖／造型象棋在台北皇冠藝術中心展覽。
左起：柯元馨　余紀忠　高信疆　張佛千　卓以玉。
中圖／造型象棋在台北九大書局展覽；
柏楊與胡茵夢以鄭問設計的「太空大戰」象棋對奕。
下圖／在香港金庸（中）家
一起欣賞朱銘創作的造型象棋。

台北文友小聚

上圖

左起：梅新　香港設計家施養德　巴黎畫家司徒立　高信疆。

新加坡文友小聚

中圖／

左起：杜南發　高信疆夫婦　杜太太秀鸞。

下圖／

左一余秋雨；左三起：潘正鏞　陳瑞獻　高信疆　柯元馨。

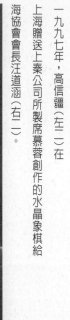

一九九七年，高信疆（左二）在上海贈送上秦公司所製席慕蓉創作的水晶象棋給海協會會長汪道涵（右二）。

中時晚報 社長 一九八八

五月，聶華苓應中國時報董事長余紀忠之邀首次返台

《中時晚報》社長高信疆（前左二）與

「人間」副刊主編季季（二排右一）邀請台灣女作家與她聚會座談。

前排左一為「人間」副刊撰述委員焦桐。

二排左起：愛亞　曉風　聶華苓　潘人木　陳幼石。

三排左起：平路　蕭麗紅　沈花末　簡媜　廖玉蕙　黃寤蘭　宋碧雲　林慧峰　蔣家語。

香港學者勞思光（前左）來台，
中時晚報社長高信疆（前右）與該報「時代」副刊主編羅智成（後右）
陪他參觀「人間」副刊，並與工作人員合影。
左起：焦桐　應鳳凰　季季　孟樊　駱紳。

至高無疆，信而有徵

古蒙仁

一、

五月六日清晨，大嫂柯元馨打電話給我，告訴我高信疆已於前一天晚上九點過世。雖然我早有心理準備，可是乍聞這個噩耗，仍難以置信。因爲，因爲，這些日子來，我仍在等待奇蹟出現；一如每次我去探望他時，我們在大嫂的帶領下一齊讀聖經，我從大嫂鏗鏘的語調裡，每次都感受到一股強烈的信心和信念，上帝終必會保佑高公（多年來我對他的尊稱與暱稱），從死神的手裡將他接引過來。因此不管後來他的病情如何惡化，我始終堅信奇蹟必會誕生，他一定會安度此一難關。

但那一剎那，我的信心崩潰了，奇蹟並沒有出現，我對我們一齊讀過的聖經中那些復活的故事感到難以索解。

五月七日上午九點，高信疆遺體火化之前，我到台北第二殯儀館瞻仰了他的遺容。大嫂、士軒、英軒，以及十多年未見的高信譚三兄弟，這些高信疆身邊最親近的人全到齊了，人人臉色肅穆哀戚，大嫂的頭上平添了許多白髮，看起來更是憔悴。在教會弟兄們禱告之下，我們逐一趨近棺槨，高信疆安祥的躺在裡頭，雙眼緊閉，臉色蒼白，再也看不到他一向煥發的容顏和神采。

封棺之後，我們一路護送他到火化場，我想起電影「送行者」中澡堂的女主人火化之前親友所說的一句話：「我們和她只不過隔著一道門罷了。」隔著這一扇門，火光轟然一響，便是陰陽分隔的二個世界，門已經不存在了，我們走不進去，也沒人從門後走出來。看到這一幕，我的淚水再也忍不住地流下來了，只能在心裡默默地說道：「再見了，高公，黃泉路上一路好走。」

二、

高信疆大我七歲，歲數相差並不多，民國六十三年我認識他時才是個大三的學生，一個對寫作充滿了熱情的文藝青年，最大的心願便是在《中國時報》上發表文章，而他正是當時「人間」副刊的主編，手握稿子刊用與否的生殺大權。因此在我當時的心目中，他是個高高在上，大權在握，令人不敢仰望的大人物，從來不敢奢望有一天能夠認識他，遑論和他成爲朋友。

可是奇蹟竟然發生了，有一次我投稿過後不久，心裡正忐忑著會不會被退稿，居然收到他寫給我的一封信，要我到報館去見他。也不知道是什麼原因，我按著地址，一路摸黑找到大理街的報館。那是我第一次到《中國時報》，晚上七、八點的光景，報館內燈火通明，人人都在忙碌著準備出報。

「人間」位於編輯台後端一個偏僻的角落。桌上的稿子堆積如山，高信疆正埋首在稿堆中振筆直書。我怯生生地報上連自己都還叫不出口的「古蒙仁」筆名，他抬起頭來看了我一眼，只見他唇紅齒白，臉色如玉，竟是個五官突出的俊美男子，加上那一頭披肩的長髮，看起來既文雅、又狂野，像是個瀟灑不羈的藝術家，一點也不像老成持重、不苟言笑的老編們那種刻板的樣子。

總之，那一瞬間我完全被他出眾的外貌與儀表征服了，那年他才三十歲，正是青春鼎盛之年，一顆炙熱的心靈正在擘畫台灣全新的文化版圖，事實上，一個屬於他的時代，已悄悄地在他的身上展開。二個素昧平生的人因緣湊巧相遇，開啓了我和他之間長達三十五年的深厚情誼，並在他一路提攜之下，共同參與、見證了台灣報業乃至文化上最輝煌的一頁歷史。

這一切，都肇因於我們初次謀面的那個晚上，他擱下手邊忙碌的工作，耐心地分析了我寄給他的稿子，要我做某些段落的修正，同時也肯定我在寫作上的才華，要我好好地寫下去。

因他這一番鼓勵的話，我走出時報大樓時，幾乎是手舞足蹈，連奔帶跳的。我從來不曾對自己那麼滿懷信心，我的人生也因此出現轉捩點，不僅影響了我日後的生涯發展，也確立了我一輩子追求與奉獻的目標，幾乎是與他的生命軌跡不謀而合，那就是：新聞、寫作與文化。這些與我日後所從事的報導文學和文化行政工作，都是有跡可覓，息息相關的。

三、

此後我更加用心在創作上，每寫好一篇稿子，就寄給他過目，他會很快地刊出。對一個中文系三年級的學生來說，作品能不斷在「人間」副刊上刊登，是多大的殊榮，連我們系裡的教授都感到意外和驕傲。民國六十四年，在他的精心策劃之下，「人間」推出「中國現代小說大展」，執筆的都是海內外名重一時的小說家，我忝列其中，是應邀撰寫的作家中最年輕的一個。「古蒙仁」這個筆名逐漸在文壇嶄露頭角，引起各界重視，都要歸諸他的提攜之恩。

可是太專注於創作、忽略了課業的結果，也給我帶來了麻煩。大四上學期，我的訓詁學被「死當」，連補考的機會都沒有，被迫必需多讀一年才能畢業。那對我何止是當頭棒喝，簡直陷入了進退不得的維谷。那年六月，眼看著同學們一個個畢業，少數留下來的也是爲了唸研究所。我一個人孤伶伶地在校園徘徊，不知何去何從，那眞是我求學以來所遭遇到的最大的挫折。

這時施予我援手的人，就是高信疆，他了解了我的處境之後，便力邀我爲他在「人間」副刊新闢的專輯寫稿，那就是台灣報導文學的濫觴「現實的邊緣」。在他的經費援助之下，我以半年的時間，走訪了台灣四座各具特色的漁村、礦村、農村及原住民部落，並長期居留在那兒，深入當地居民生活的底層，寫成了「黑色的部落」等四篇報導文章，在「人間」連載期間，每篇都轟動一時，造成台灣社會很大的震撼和迴響。證諸日後的發展，我才明白台灣的報導文學運動，就是從我這四篇報導開始的。

寫完之後，我也差不多可以畢業了，六十五年夏天正式告別不甚愉快的學生生涯，入伍服役。入伍前夕最令我不捨的，便是剪下留了一年多的長髮。不用說，我蓄長髮是受了高信疆的影響，雖然沒有他那份俊逸瀟灑，卻也用此表達了我對教育體制的失望和不滿。

四、

服役期間，我有一年的時間駐防在金門外島，生活十分枯燥，高信疆那時卸下了「人間」的編務，負責「時報雜誌海外版」的創刊工作，因爲是在海外發行，國內看不到，因此每期都會寄一份給我。每次收到時我都十分興奮，因爲上面常會刊登我的文章，月底就會有一筆豐厚的稿費進帳。我和高信疆就是藉著他所編的刊物，保持精神上的聯繫，一方面打發單調的軍旅生涯。

六十七年七月，我即將退伍之際，原本已決定返鄉教書，當我寫信告訴高信疆時，他卻要我進時報工作。他那時已位居時報的權力核心，不僅重掌「人間」副刊，還身兼剛創刊的《時報周刊》及時報出版公司的總編輯，再加上《中國時報》的副總編輯，每天忙得不可開交，亟需得力的助手。在他力邀之下，我便婉拒了教職，進「時報周刊」擔任採訪編輯，成爲人人稱羨的媒體工作者，不僅待遇高，社會的接觸面也廣，最符合我的志願。多少新聞科系的畢業生擠破了頭想進時報而不可得，高信疆可說是我職場上的第一個貴人。我正沿著他的足跡，一步步地往媒體文化人的目標前進。

當時正値報業蓬勃發展的時期，《中國時報》突破百萬分的銷售量後，又發行了工商時報，一個龐大的報業集團逐漸成形，亟需編採方面的人才，當時只要有一點名氣，在文化界叫得出名號的年輕人，一旦被高信疆發現，就會被他破格任用，網羅到時報的文化部門工作。因這些具有寫作長才的年輕人的加入，使得時報人材濟濟，各路英雄好漢雲集，成爲時報集團開疆闢土，縱橫媒體市場的先鋒部隊，而高信疆儼然就是這支精銳部隊的總司令，將他天生的領袖魅力發揮到了極致，也爲時報寫下了最輝煌的一頁。

五、

林清玄早我一年進時報，我進報社的第一天還沒找到房子，便搬去和他同住，二人既是同事，又是同居，形影不離，直到他結婚之後我們才分居。《時報周刊》的同事中還有陳怡眞、阿盛、向陽、商禽、張大春、舒國治、賴幸媛、劉黎兒、林彧；加上「人間」的陳雨航、林崇漢、王汎森、羅智成、駱紳、季季，以及出版公司的周安托。三個編輯部都連在一起，沒事大夥兒就聚在一起串門子，下班後便一齊到外面吃宵夜，遇到週末或假日，高信疆還會邀我們到他家聚會，或輪流到各人的家中做客，在他的領袖魅力凝聚下，不論工作或生活，我們一切唯他馬首是瞻，就像一家人那般的親密。

高信疆愛熱鬧，也愛朋友，只要有他在的場合，一定是高潮迭起，決無冷場。大嫂柯元馨、老大高士軒、老二高英軒，也和我們玩在一起，只要同事間有聚會，他們一家四口一定闔第光臨。茶餘飯後，大家高談闊論，每個人無不意氣風發。我們最喜歡玩擲骰子的遊戲，雖是小賭試手氣，但大家都很投入，氣氛更是熱烈，欲罷不能，每每玩到天亮了才散去。

這時就會出現這麼精彩而有趣的畫面，只見高信疆一手抱著士軒，大嫂揹著英軒，匆匆地奪門而出，三步併做兩步地坐上計程車，趕著七點之前送小孩去上學。而我們一個個哈欠連連，根本回不去了，便各自打好地舖，橫七豎八地睡在地板上。醒來已是午後，收拾了包包，剛好趕去報社上班。

高信疆是個拼命三郎，他的朋友多，應酬也多，遇有海外的朋友返國，他一定親自接機、送機，請吃飯，我最喜歡去做陪，因爲又可以認識心儀已久的名家。爲了工作他可以好幾個晚上不睡覺，明明已編好的版面，爲了搶時效性，連夜拆版、換版是常有的事；尤其每年諾貝爾文學獎揭曉的前夕，「人間」爲了搶全球獨家，總會等到要印報了，才趕忙將版子送到工廠付印。這就苦了我們這批打越洋電話進行跨國採訪的人。當然，凌晨三點離開辦公室後，他還會請我們去吃宵夜，這時早起的公雞已聲聲啼叫著在催人了。

六、

在時報工作的四年間，也是我個人創作生涯的高峰。六十七年十月，時報舉辦第一屆時報文學獎，高信疆延聘了海內外的名家來當評審，以他們的文學地位和聲望來爲得獎人加持。豐厚的獎金，加上朱銘親手雕刻的作品「創造者」當獎座，可謂未演先轟動。得獎作品公佈時，更成了文化界關注的焦點，每個得獎人都可揚名立萬，成爲文壇耀眼的明日之星，因此競爭激烈，想要從眾多的角逐者中脫穎而出，並不容易。

而我何其幸運，第一屆即以〈黑色的部落〉一文，榮獲報導文學推薦獎，可說是最高的榮譽。當年我被學校「死當」，一個人遠走天涯海角所撰寫的作品得此殊榮，所有的委屈和辛酸，都在獲獎的那一刻化爲烏有。我第一個要感謝的當然是高信疆，沒有當年他的支持和贊助，我不可能寫出這篇文章，也就不可能得獎。台灣的報導文學可能要延後多年才能產生得獎的作品，而我也因爲得此獎項，確立了在台灣報導文學界的地位。

第二屆，我又以〈雨季中的鳳凰花〉和〈失去的水平線〉，分別榮獲小說推薦獎和報導文學優等獎，雙喜臨門，不知羨煞了多少文學界的同好。名利雙收，少年得志，進時報那幾年，我的運氣好得出奇，文章大量見報，演講的邀約不斷，台視找我編寫報導影集。我幾乎來者不拒，短短三、四年間，出版的著作多達十本，也嚐到了成名的滋味。

我是個不太受名利蠱惑的人，當我登上創作的高峰時，也警覺到未來在台灣發展的空間已相對有限，便興起了出國讀書的念頭。但目的和一般留學生不太一樣，因爲我只想到國外走走看看，增加自己的見聞，而不是爲了讀書拿學位。因此如何通過托福考試，選擇什麼學校和科系，都令我傷透腦筋。

高信疆交友滿天下，海外知名的學者專家都是他的知交，他知道了我的困境後，便寫了封信給在威斯康辛大學東亞系任教的劉紹銘教授，推薦我去當他的學生。劉先生很快地給我回了封信，表示願意全力協助。不久他到台灣開會，高信疆帶著我去看他，劉先生喜歡喝啤酒，幾杯台灣尚青的啤酒喝下肚，一時豪興大發，便認養了我這位老學生，幾個月之後便爲我辦好了威大的入學許可。我因此成了劉先生門下的弟子，旅美二年期間承他多方照料，順利地拿到碩士學位，可說是我生命中第二個貴人。

七、

民國七十二年一月我通過托福考試，一個人搭機遠赴美國中西部的陌地生，如願地進了威大東亞系的碩士班，開始我在異國的求學生涯。最令我喜出望外的是半年之後，高信疆因政治因素離開台灣，也在劉紹銘的協助之下來到陌地生，成爲威大的訪問學人。

他鄉遇故知，我們二人在海外重逢，不禁相擁而笑，因爲我們又可在一起了。尤其有他當靠山，什麼事都不用擔心了，也不愁吃喝玩樂。因爲他抵達陌地生之後，前來看他的朋友即絡繹不絕，當時在威大任教的還有知名的學者林毓生和周策縱，每隔一段時間就會邀請我們到他們家裡做客，大家聚在一起吃飯聊天，通宵達旦，暢談天下事，彷彿又回到了在台北的日子。

有時劉教授也會開車帶我們到鄰近的城市拜會朋友，像芝加哥的李歐梵、非馬、許達然，密爾瓦基的許國衡、愛荷華的聶華苓，乃至聖地牙哥的葉維廉、卓以玉等。

那年陳映眞、七等生、韓國的許世旭、大陸的吳祖光、茹志娟和王安憶母女，都在愛荷華參加國際作家工作坊，我們特別去參加「台灣週末」，在聶華苓家盤桓了數日，才意猶未盡地回到陌地生。儘管路途遙遠，舟車勞頓，但能與這些舊友新知碰面聚首，歡聚一堂，誠然是人生一大樂事。

那年暑假，大嫂帶了士軒到美國來探親，我們飛到舊金山與他們會合，住在畫家孫密德的家中，孫密德夫婦開著休旅車帶著我們遊遍了西岸的風景名勝，像優詩美地國家公園、迪斯耐樂園、環球影城、太浩湖、卡梅兒乃至大峽谷和賭城拉斯維加斯等，都留下了我們的歡笑和足跡。

高信疆一向「賭性堅強」，看了吃角子老虎和二十一點，一定會過去和它們較量一下，不輸個乾乾淨淨，決不輕易認輸退場，通宵鏖戰之後，最後一定是二手空空地逃離賭場，臨走之前還不忘撂下一句狠話：下次一定會備足子彈再來報仇，非把今晚輸掉的贏回來不可！不管是太浩湖或拉斯維加斯，他暫時存放在那兒的「賭本」眞不少，不過已無「翻本」的機會了。

大哉壯遊，高信疆終年忙碌，難得有時間陪同家人，這次總算一次玩個盡興。

第二年暑假士軒來美依親，讀七年級這下可好了，我們三人在郊區租了一間公寓，高信疆一向遠離庖廚，不食人間煙火，我只好越俎代庖，成了士軒的超級奶爸，每天負責做菜給他們父子二人吃。但我的廚藝實在不怎麼高明，起先大嫂還會在越洋電話中指導我做菜，後來發現朽木不可雕便放棄了。他們只好繼續忍受我唯一會做的蕃茄抄蛋，大不了週末一齊出去吃館子，把一週來的味覺補回來。一家三口，有福同享，有難同當，倒也其樂融融。

八、

七十三年底，我修完了碩士班的課程，自忖不是讀博士班的料子，便放棄了繼續深造的機會，告別了高信疆父子，趕在農曆過年前回到闊別了二年的台灣，短暫的休息之後又回到《時報周刊》工作。

不過這時的周刊與二年前相較，已大異其趣，原有的鄉土、生活、休閒的版面消失了，改走影劇、時尚及社會的路線，內容五花八門，葷素不拘，已不符我的理想。一年之後《中央日報》國際版改版，頻頻向我招手，我取得了高信疆的諒解，便應當時的國際版主任黃天才之邀，到《中央日報》任職。擔任海外副刊主編，二年之後升任副總編輯兼採訪組主任。

那是我第一次離開高信疆的羽翼單飛，人雖然離開了時報，但私底下還是和他經常來往。七十五年他也離開時報，自創公司，創業的代表作便是造形象棋，公司設在敦南商圈，我下班後常去探望他。他雄心萬丈，盡傾所有，號召十多位藝術家，精心設計了幾十套造型、材質各異，能在棋盤上「站起來的象棋」，誠然是五千年來象棋第一次的革命。雖然充滿了創意，但市場的反應不如預期，加上盜版猖獗，苦撐了一年之後即退出了舞台，令高信疆頗爲氣餒。

七十七年《中時晚報》創刊，他重返時報出任晚報社長，但草創階段，內部暗潮洶湧，人事傾軋，讓他這員猛將無法大力發揮，不到一年即萌退意，辭去社長職位。旋即改任慈濟基金會的義工兼顧問，主編《證嚴法師靜思語》，一時洛陽紙貴，成爲台灣二十年來最暢銷、最有影響力的一本書。證嚴也因此書成爲台灣的良心，萬方景從，開創了佛教界最大的慈濟宗門，高信疆誠然功不可沒。

八十五年起，高信疆轉戰海外傳媒，長住東南亞一帶，先後出任香港《明報》編務總裁、馬來西亞《星洲日報》集團顧問。還在紐約創辦美國《明報》。四年後，再度轉戰大陸，主持北京《京萃周刊》。在他苦心經營之下《京萃》一度十分被看好，已在市場占有一席之地，後因資金被抽離，難以爲繼，高信疆只好黯然離開。

挾著台灣「紙上風雲第一人」的光環，他跨越海峽，轉戰各地，雖仍英氣勃發，畢竟各地文化背景殊異，市場需求不同，平面媒體的經營環境已大不如前，想要複製台灣的成功經驗，可謂困難重重。朋友們都知道他做得十分辛苦，近年來一個人在大陸，日子也過得不很如意，因爲這段時間我自己在台灣也南北奔波，並不在他身邊，這些訊息都是輾轉從朋友間得知的。

九、

只是萬萬沒想到，去年他返台過年，因身體不適，到醫院做身體檢查時，會被診斷出罹患了大腸癌，而且已進入第四期。我從慈濟的師姐口中得知這個消息時，眞是大吃一驚，久久無法相信，當天下午就趕到他家中去探視。大嫂不在，應門的即是高信疆，看到我突然登門，他也很感意外，因爲他不想驚動朋友，外界知道此事的僅是極爲少數。

多年不見，他原本濃密的一頭頭髮已稀疏了，腹部因開刀只能穿睡衣，裡頭還纏著一些導管，行動並不很方便，說語的語氣衰弱緩慢，一看就知道病情不輕。但看到我來訪，仍然十分高興，詳細地告訴我發病及治療的經過。他特別提到醫師所使用的標靶治療，認爲效果不錯，施打幾次之後，癌細胞已獲得控制。

然後話題一轉，便談起這幾年他在北京的工作，已轉向文化創意產業。這時他的精神就來了，愈談愈興奮，好像一個傷兵，雖然全身包著繃帶，仍迫不及待地要奔赴戰場。我所熟悉的高信疆又回來了，口若懸河，目光誽說，永遠在爲下一個目標尋找機會。因此我告辭出來時，並不像原先那麼悲觀，心情反而是愉快的，以我對他的了解，我寧願相信他是會渡過難關的。

此後每隔一段時間，我都會去看他，他的精神逐漸好轉，大嫂的心情也看不出來憂愁，每回總不忘了向我傳福音，一起讀聖經，禱告主耶穌，求神加給他力量，並且祝福我們。高信疆有一次微笑地看著我說，病好之後一定要請我大吃一頓，謝謝我對他的關心。我也在期待這一天早日來臨，我們一定要大肆慶祝一番，昭告天下，高信疆已喜獲重生。

然而後來病情的發展卻不順利，今年過年後連我要去探望，大嫂都以需要休息爲由婉拒了，令我十分納悶。有一次我人已在他家樓下，打電話表示想上去看他，大嫂都沒有同意，我開始有不詳的預感。沒有多久，就接到了噩耗。

十、

五月十日下午三點，高信疆受浸的教會爲他舉辦了追念聚會禮拜，我提早一個小時到達，本想幫忙做點什麼，但所有的事務和會場的佈置都由聖徒們包辦了，我幫不上忙，便在裡頭坐著。不久駱紳也到了，二人便聊起來。感慨人生不過數十寒暑，何其匆匆，高公走了，我們這群朋友也失去了共同的記憶，人生的拼圖將永遠失去最重要的一塊。

三點前後，進來的人潮漸多，許多許久不見的朋友紛紛現身，大家頂多交換一個眼神，便靜靜地找了位子坐下，兩位弟兄開始帶領大家禱告，唱詩歌。士軒、英軒二兄弟上台追懷父親一生行誼，二人都泣不成聲，幾乎無法終場。……最後由大嫂上台禱告，求神安慰親人朋友。她一字一句，語氣依然鏗鏘，抑揚頓挫，卻也有接不下去的片段。我的眼眶一紅，鼻子一酸，眼角再也忍不住地泛起一絲淚光。之後，大嫂又爲高信疆贈送一首詩歌給與會者，大家一起朗讀並合唱——「聽我唱，奇妙的愛」。

五點結束後，我們魚貫地走下台北市教會十九會所的階梯，卻不忍離去，三五好友聚在一起寒喧，簡單的問安之後，都不忘叮嚀彼此多加保重，畢竟活著還是人生第一要務。我雖這麼想，但內心還是覺得空洞難受，一個人慢慢地走去搭捷運。

初夏的黃昏，夕陽西傾，餘暉遍照大地，羅斯福路上車水馬龍，世界並沒有因少了高信疆而停止運轉，人生還是會繼續循環，我還是我，日子仍然要過。只不過突然之間，覺得自己眞正老了，孤單了。回首前塵，往日情懷，只有留待餘生慢慢地咀嚼、慢慢地回味了。

有那麼一個人，那麼一個時代

羅智成

在一九八四年那一個冬天，我和信疆兄還有士軒常常一到深夜就跑到EagleHeight後面去玩雪撬，有時，也會邀請其他友人來見識我們的秘密基地。

Eagle Height後面其實是一個高爾夫球場，下過雪就成爲高高低低的雪丘，很適合玩雪，但是在球道上玩雪撬應該是信疆兄發明的。起先，我們很克難的用餐廳的托盤玩sleding，後來就引進了有一雙冰刀，可以操控方向的「先進」雪撬了。

就這樣，我們常常在深夜無人的高爾夫球場實驗著各種速度、冰冷與驚險，忘情大笑，盡興方返。

信疆兄會在冬天時冰天雪地的威斯康辛陌地生和我們（還有古蒙仁、周公策縱、劉師紹銘、林師毓生等）相處了兩年，據說是當時警總向時報施壓，所以余先生要他到美國來避風頭的。這個說法應該可信，因爲後來美洲版《中國時報》也被迫停刊了！

在陌地生韜光養晦期間，信疆兄依舊遊興不斷、豪情不減，來自各地的訪客更是絡繹不絕。每每在他一整面牆腳都是唱片的公寓裡徹夜傾談時，早先幾年和他在「人間」副刊共事所目擊的文明盛況，似乎又復活了！

一九八〇年，我剛從預官退伍不久，信疆兄就找我到「人間」副刊工作。在此之前，由於在時報文學獎獲獎的關係，我們已經認識，並很快的變得熟稔。他是那種擁有巨大友情的人，充滿魅力的性格加上旺盛的精力、博雜的知識、各式的人脈和多采多姿的生活資源，使得和他共事成爲既豐盛有趣，又可以學到東西的愉快體驗，何況還能享有貢獻所能的成就感與成爲極具影響力媒體之一員的虛榮感。

一開始，我在副刊擔任編輯的工作，沒多久又同時與插畫大師林崇漢共同負責了一年的版面設計，此外還參與信疆兄另外主管的時報出版公司「中國歷代經典寶庫」的設計規劃。工作時間變長，和他的互動愈加緊密，對於他的文化理想、江湖俠情與赤子之心也更加熟悉；白天，我們工作，搞企劃、出主意、想標題並不時沾沾自喜；晚上，我們吃宵夜（幾乎天天），和海內外最精采的學者、作家砍大山、打電玩，直到天亮才拉開小店鐵門回家。

算起來，我和信疆兄頗有緣分，在時報一起工作兩年後，我到遙遠的威斯康辛大學唸書，由於劉紹銘老師等人的推荐安排，他隨後也來此遊學；返台之後，我一時之間不想回報社，又跟著他到忠孝東路開了上秦企業公司，計畫要做一些可以爲當代華人「制禮作樂」的東西（類似現在的文化創意產業罷），我們第一步玩的就是「立體象棋」。

接著，我回到「人間」副刊，沒想到不久他也重返時報陣營，和余小姐一起創辦中時晚報，更沒想到，中時晚報成立不久，他就拉我去接時代副刊而讓我們有了更長的共事。

在中時晚報的八年，是我在新聞事業工作的巔峰期，不但可以獨當一面經營著份量頗重的文化版面，而且實現了我力圖超越「人間」副刊格局的副刊理念，擴大副刊議論、報導的範疇，更貼近生活，更貼近時代，在媒體環境丕變的轉型期，努力克服困局，繼續解讀趨勢、引領議題，希望能傳承信疆兄爲副刊開創的影響力。

但是這已是在陌地生玩雪撬多年以後的事了！離「人間」副刊領先全球，採訪到諾貝爾獎得主米瓦許的那一夜更久，而且，那個時代已一去不返……由於時間、空間上與之前之後種種生活歷程的斷裂，陌地生時期成爲我們生命中的插曲、意外或獨立事件，但是在彼單純的生活反而讓我們的注意力更專注，記憶更清晰。

我記得信疆兄的到來，不但給陌地生當地華人社區增添了一股活力與想像力，也使得我玩興大發，寒窗苦讀的心情大減；覺得台北的文化中心已移到這寒冷的邊陲，一些大事就要發生，一些計畫就要完成，或者至少，找到活躍的理由，要爲某種更重要的任務暖身。我們呼朋引伴，開著車玩遍威州美景和中西部的大學城，春天爬山、夏天遊湖、秋天賞楓、冬天玩雪。晚上則到他的住所聚會聊天、喝紅酒、聽唱片、吃泡麵加起司……那時，我眞的以爲，而我相信他也認爲，一旦從這北緯四十三度的大學城回到亞熱帶的故鄉時，那個引領風騷，爲文化理想呼風喚雨的時代必將重新開啓。

但是，那個時代已一去不返……雖然，回台北後，我們繼續興高彩烈的在上秦公司玩立體象棋，在中時晚報打拼，幫慈濟功德會編語錄、出點子，或幫某機構推廣中醫科學化，但是，那個時代已一去不返……

那是一個什麼樣的時代呢？我的記憶是這樣的：首先，那是一個副刊的時代。在高信疆主導中時副刊的年代，台灣的主要媒體大約就是兩大報數小報加上無線三台。錄影帶可是後來才出現的。

而廣被閱讀且佔用人們絕大部分閱讀時間的報紙，則只有三張十二頁（扣掉廣告版面就更少了），佔據了整整一版的副刊（廣義副刊更多版）因此成爲許多人的精神食糧。

但我認爲還有幾個原因使那時副刊的重要性更勝以往：一、由於政治上和生產時間上的制約，前面的新聞性版面往往有著較高的同質性，副刊既沒有時間的壓力，又有龐大的創作陣容，較容易各顯神通，爭奇鬥艷；二、兩大報以社會新聞起家，累積了報業競爭的各種資源，無論是稿費、經費還是彩色印刷都挹注到主戰場之一的副刊上；三、競爭提升了閱報率，也開拓了廣大的年輕市場，加上七〇年代的種種外交困境，引發青年的自省與批判；期待改革，渴求新知，接受新觀念的時代精神已經形成。那更是一個「企劃編輯」的黃金時代。現代中文報紙的副刊傳統，自五四以來已初步定型。其中最大的特點是各式文學作品的刊載，而編輯的主要任務就是邀稿、審稿、改稿，對於副刊的經營較爲因循。

然而在副刊競爭中，被動當「老編大人」的編輯理念已不足以應付了！主動去規劃版面、推行理念、製作專輯的「企劃編輯」遂應運而生，信疆以他的創意、熱情和使命感，便成爲「企劃編輯」領航著：他重視視覺，邀請插畫及設計高手美化版面，他重視文化趨勢與新知，透過海外學者積極撰譯，開啓視野；他充滿文化使命感，隨時隨著社會氛圍、新聞事件迅速規劃專輯，鼓動風氣、領先議題；他的興趣廣泛、學識淵博，加上交遊廣闊、行動力強，總是不停挖掘到各個文化面向的優秀人才，然後以極大的篇幅推薦給社會，像朱銘、洪通、洪瑞麟、陳達、柯錫杰、李小鏡等人，他也不畏當道的威勢，大膽刊登先驅異議作家李敖、柏楊等人的作品，更不用提對一干後輩的提攜與結交了！

他讓副刊成爲受人矚目的舞台，讓有理念、有本事的創作者一展長才，同時也讓副刊成爲「地價很高」的版面，原先鼓勵業餘或素人寫作的機能便漸漸被排擠掉，多年後才有第二副刊的產生。那也是一個「文化主義」或「報業理想主義」的時代。

早年由於報禁的關係，報業競爭基本上被馴養於某種自我規範與社會教育角色的定位之下，「文人辦報」成爲被高懸的典範，兩大報即使在壟斷的優勢中，仍不忘優雅的提升新聞或報紙的素質，低調鼓吹自由民主之餘，也重視「客觀立場」與「平衡報導」實踐，「人間」副刊在這個時刻，積極引進各種立場的專家學者進行交流、論辯、創作，率先營造出多元、包容的公共論壇空間，並創造出有文化素養的言談典範，相對於媒體及社會生態丕變後的惡性競爭與醜態，更讓人覺得擁有一個有活力的文化社群的可貴。

但是，我們也不得不承認，那更是一個尚未「去中心化」的時代。

隨著解嚴以及同步發生的本土化、經濟自由化還有後現代現象，台灣社會已裂解成價值多元、族群多元、更世俗化也更異質化社會，幾乎沒有一個價值、一個聲音、一個媒體或管道可以再創風行草偃的文化理念風潮，甚至去得到社會過半的支持與信賴，甚至，去引起注意……這對於一個對民族文化有著鮮明願景與使命感的人，其實是充滿無力感與挫折感的吧？

尤其是一個有著嚴格自我教養的人面對一個「去教養」的時代時，那種價值失落與斷裂的苦楚，對於曾經是詩人的信疆兄想必特別強烈吧？

我一直相信，信疆兄之後的某種「自我放逐」，絕對還帶著重建某個「文明盛世」的雄心或期待的，我甚至想像過，當他再次回來時，會像從天竺取經回來的唐三藏，興奮的告訴我們：「我已經得知通往中華文明盛世的藍圖了！我們一定得如此、這般……」

但是，那個時代，那個人已一去不返了……

一代儒士

陳若曦

一九七五年，「人間」副刊有意轉載我反映「文革」的傷痕小說，開始和主編高信疆接觸。其時我居住溫哥華，幾年裡全靠越洋電話連繫。聞其聲，但覺此君溫文有禮中洋溢著誠摯之情，想必是儒雅之士。八〇年元月，我爲「高雄事件」返台見蔣經國總統，也終於見到高信疆了。這才發現信疆不但儒雅，且英俊瀟灑，夫人又是美嬌娃，儼然一對金童玉女，羨煞台灣藝文界。

我反映文革的頭篇小說《尹縣長》最早刊於香港明報月刊，台灣中央日報副刊擅自轉載，且刪改詞句，如毛主席一詞改爲「毛ＸＸ」。當時兩岸敵對，台灣又處戒嚴時期，報刊嚴受管制，文字遭刪改我也無可奈何。

信疆作法卻令我刮目相看。他想方設法找到我的電話，事先徵求同意，還委婉解釋台灣報刊的處境，雙方同意對一些敏感詞句加上引號。由於我小說反映大陸實情，有些不免和台灣的一貫宣傳相左，他便請名人專家寫文章佐證。記得一篇《查戶口》裡寫到女主角到自由市場買雞。台灣長年累月宣傳大陸同胞「啃草根，吃樹皮」，怎有可能吃雞？於是他找來國學大師錢穆的夫人錢美琦寫文章，解釋什麼情況下有雞可吃，煞費苦心，令人感動。

如今回想，那個年代的高信疆已開啓兩岸交流的破冰之旅矣。

在那戒嚴時代，新聞遭控制，副刊藉文學之名可以反映一些社會現實，因而備受讀者重視。據說有人看報只看副刊，其它視爲「官方宣傳」，棄之如敝屣。把信疆時代的副刊視爲一種時代見證，完全說得過去。

拙作中篇小說《耿爾在北京》分上下中篇，爲了完整，信疆用整版一次刊完，據說是副刊史上的首例。

睽違家鄉十八年，頭次返台即發現台灣已今非昔比，政治雖高壓，但財經發達，社會充滿活力，遊子如我大爲心動，返鄉成爲我的最愛。幾次返台，信疆分別陪我去看朱銘和洪通，一路都沒給我寫稿的壓力，令人十分感激。聽說我想看金門前線，他也作了安排，同行的還有當時的記者兼編輯林清玄。沒想到這回我卻犯了錯誤。金門之行太有意思了，尤其與接待的軍方代表曹主任拚酒，不禁勾起青年時代與軍中作家楚戈、瘂弦等交往的回憶，返美即寫了篇散文紀錄這份觀感。正好《聯合報》副刊主編瘂弦來電約稿，我隨口答應，當天便付郵。文章很快見報，信疆即來電話。

「我們在等你的文章，你怎麼給了聯副？」

「哎呀，抱歉！你沒向我要稿……我以爲林清玄會寫報導……」

「他寫和你寫，不一樣呀！」

我除了抱歉還是抱歉。後來和文友提及，無一不怪我粗心大意。原來兩報競爭激烈，「副刊高」和「副刊王」壁壘分明，文人也素有詩酒相酬的習俗，像我這樣不諳人情世故，不能以長年離台爲藉口，只怪自己神經麻痺不仁。以後，每見到或想到信疆，我第一個念頭是：信疆，對不起！

「人間」副刊辦得十分風光，但是信疆也承受很大的政治壓力。八〇年代初，他一度被迫離職，乘機到美國遊學散心，曾來柏克萊舍下住了一晚。都說信疆善飲，正好存了幾瓶好酒，蒙他不嫌飯菜簡陋，竟喝得十分愜意。

原以爲他會藉酒澆愁，談在台遭受的不公不平待遇，誰料他一心只想知道中國大陸的情況和未來走向。八〇年初，北京的「民主牆」和民辦刊物運動，炫若曇花一現，終以驅散疏導結束，但已爲關心中華民族的仁人志士呈現了一線曙光。無奈海峽兩岸仍是最近距離卻和解無期的狀態。信疆憂心民族和國家前途，慨歎有心無力，只能以酒抒懷。我曾熱情投奔祖國，結果鎩羽而歸，對其憂思頗能感同身受，也跟著小抿了幾口酒。

「牢騷太盛防腸斷」，信疆才喝完一瓶就說醉了。其時段世堯（前夫）在邁阿密工作，我安排信疆在大廳旁他的臥房安歇，我和孩子在樓上歇息。半夜忽然傳來樓下乒乒乓乓的響聲，我猜想是信疆摸黑上廁所，撞倒了桌椅什麼的，三更半夜下樓查看也不方便，就沒搭理。天亮了，盥洗完畢下樓來，見信疆已酒醒並穿戴整齊了，臉上掛著歉意。

「不好意思，昨夜酒醉嘔吐，馬桶堵塞了。」

我安慰他一番，乘他吃早點時，請匠人來通馬桶。須臾完畢，付了六十美元，一直不敢問堵塞原因。居住廿載，全屋的馬桶也僅堵塞過這麼一回。依常理判斷，嘔吐物不可能堵塞管子，那信疆究竟丟進什麼東西呢？可惜沒機會問他了。

上回見到信疆是二〇〇五年夏天。我參加「新象」創辦人許博允組織的蒙古建國一甲子暨成吉思汗帝國八百年慶祝團，返程停留北京一天，轉機兼會友。高信疆是大家想見的朋友之一，更是我唯一想見的。聽說上世紀末他應邀到京創辦雜誌，可惜經營無成，那麼他現在作何營生？乍見面不好打聽。赴晚宴途中，我和他邊走邊聊，兩次聽他接手機，似乎是爲人介紹投資項目。第二通電話他婉拒搭飛機南下某省，關掉手機時喃喃自語「條件不成熟，沒希望」云云。出於尊重，我忍著沒追問細節。

兩人談著，漸漸落於眾人之後。我乘機向他請教一個困擾我半年的顧慮。其時正寫作自傳《堅持．無悔》，不知是否要寫出我知道的一些牽涉金錢交易的政治內幕。其中兩位也是信疆熟識的文化人。

「作家是應該有聞必錄、忠於歷史，」我很猶豫，「還是避開不談，以免落人揭發隱私的口實？」

一直默默聆聽的信疆，半天才透露一句：「忠於歷史是原則。」

這是我聽到信疆的最後一句話。一代儒士，果然言簡意賅，令我終生難忘。

出版也風雲

應鳳凰

討論高信疆在副刊上精彩表現的文章很多。大家眼光多聚焦其副刊功業，難免認定「紙上風雲第一人」的紙，就單指「報紙」而言。副刊成就太過亮眼，多少掩蓋了圖書出版的成績！其實他何只「改寫了副刊的定義」（王健壯語），在那政治空氣緊繃，社會力蓄勢待發的七〇年代末，於兩大副刊嚴陣對峙的「文化戰場」上，他羽扇綸巾，談笑間同樣在出版市場捲起一波波風雲與浪潮。

一九七四年秋天，高信疆曾獨資創辦一家出版社，歷時三年；發行人是他太太柯元馨，社名「言心」，既諧音又寄託文人出版理想，彰顯詩人氣質。一九七三年他首度主編「人間」副刊，一九七四年十月「人間」推出「當代中國小說大展」時，「言心」第一批書已經上市。首批兩本：楊軍等譯《我們要活著回去》，費文譯《逃出了惡魔島》，都是追著電影熱潮，在「人間」副刊「先讀爲快」發表的美國暢銷讀物。兩書初版於一九七四年九月，銷路不錯，楊譯至一九七七年春已賣到十版。

但高信疆也在《中國時報》推出新書：「人間」的「海外專欄」與「小說大展」叫好又叫座，副刊從「策劃、約稿到排版」，已經把出書流程跑完一大半。《當代中國小說大展》兩冊列爲「時報書系」第一號：一九七五年二月二十八日初版。之前《中國時報》也出過書，但未曾編號，到了高上秦才有「時報書系」，顯出蓄勢待發的意圖。同年九月，「時報海外專欄選集」以《春來燕歸人未歸》上市，列爲書系第二十五號；書名既典雅又傳達離鄉情懷，明眼人一望而知是「高」手的標題。

同樣「出書」，時報的高上秦只是「單書主編」。在「言心」則大不相同——除了首批翻譯書看不出參與程度外，第三本以後高氏的風格氣味便非常明顯。言心書系編爲「人生叢書」，與「人間」只差一個字。叢書第三第四號分別是：張系國長篇小說《棋王》（一九七五年十月），夏志清編註的《夏濟安日記》（一九七五年十二月），雙雙在「人間」副刊連載時即迴響熱烈。「夏濟安日記」揭開知名學者私密的戀愛情懷，公諸於世立刻震驚文壇。兩人都是知名於台灣的海外學者作家，可說是「海外專欄」之後另一波收成，兩書也很快打響「言心」

的知名度。

副刊主編的優勢位置，讓「人生叢書」陸續推出「人間」作家閃亮精品，如夏元瑜《以蟑螂爲師》（一九七六年十一月），逯耀東《勒馬長城》，朱天心《方舟上的日子》（一九七七年四月），以及金耀基《中國現代化與知識份子》（一九七七年九月），羅龍治兩書：《露泣蒼茫》《狂飆英雄的悲劇》。

溫瑞安的《龍哭千里》，可能是「言心」的收山之作；該書列爲「人生叢書十六號」，出版於一九七七年十二月底。隔年一九七八高信疆二度主編「人間副刊」，時報老闆余紀忠要求他專心時報工作，結束「言心」業務。之後高公兼任時報出版編輯，高太太出任經理。「言心」的「人生叢書」則併入時報書系，改由時報再版及發行。

高公五月去世之後，何懷碩、隱地等老友咸認此事決定得魯莽：他不該輕易棄守自已的事業。如果多爲將來著想，保有一塊「自留地」，則進可攻退可守，以後就算離開報社，仍有自家一塊田、一片天空，不至於失去副刊便「將軍失去戰場」。如今事隔三十年，時光既不能倒流，朋友們「事後有先見之明」亦徒增慨嘆而已。回顧當年結束的原因：不論以「報答余老闆知遇之恩」，或「專心於副刊編務」爲堂皇理由，筆者以爲，比之個人獨資的小規模，高公跳進「時報大魚池」，其實有更大的發揮空間。若非充裕資金，何來雄視同業的大套書計畫？以高公之磅礴大氣，不論爲人或爲己，同樣是出書，但求理想能實現，成功不必在我。

且不說一九八一年四十六冊《中國歷代經典寶庫》推出，如何震動台灣讀書市場，開啓大套書出版新紀元，單行本「時報書系」全力提拔新秀，視野宏大，同樣留下不能磨滅的歷史記錄。從他手上，新一波小說家逐一推上八○年代文學舞台。光一九八○這一年，就推出新銳作品如黃凡的《賴索》，陳雨航《天下第一捕快》，張貴興《伏虎》，張大春《雞翎圖》。報導文學也是他致力提倡的項目，出版了林清玄《長在手上的刀》，古蒙仁《黑色的部落》，另有馬以工《尋找老台灣》，心岱《大地反撲》等。同時，他也請報社贊助柏楊親訪泰北，刊登及出版暢銷一時的《金三角‧邊區‧荒城》（一九八二年五月），影響面擴及文學以外的大社會。

一九八三年三月，高信疆二度卸下「人間」主編職務赴美前，時報書系已增至四百多號。如此龐大書種，本文自無能一一列舉其出版特色。此處且以「高信疆出版柏楊」爲例，試圖舉一反三，以小見大地呈現高公待人處事的眼光胸襟。時報書系第四〇〇號出現一本奇特的書，乃柏楊主編《中華民國文學年鑒：一九八〇》。這部「文學年鑑」在官方未認得工具書重要性的時代，是民間出版一大創舉（五六〇頁，一九八二年十一月三十日初版）。同年柏楊還主編另一套大書《新加坡共和國華文文學選集》，各文類加史料共五大冊，也是台灣出版史從來沒有的。這些毫無賣相卻具有特殊意義的書，若非特殊人物不能有此「創舉」。而一部文化史或出版史，原就是各種「創舉」接合而來。即使高公後來離開了時報出版公司，他的編輯才能與創意構想卻永遠不會離開。

高公還有一項出版功績很特殊。一九八九年，他為慈濟的證嚴法師策畫第一冊《證嚴法師靜思語》，由九歌初版迄今正好二十周年，已銷售五十幾萬本。此書尚有日、韓、泰、德、法等十一種語言版本，總發行量超過三百四十五萬冊。

造型象棋，風雲幻變

董雲霞

一九八七年四月二日至九日，台北福華藝廊舉辦一項「中國造型象棋設計大展」，這項集合上百位國內藝文界人士參與的展覽，不但讓中國象棋「站」了起來，而且呈現了繽紛燦爛、多姿多彩的造型。

這個試圖把中國傳統象棋普及化、藝術化、國際化展覽的主辦人，就是高信疆與柯元馨夫婦。高信疆說：「這次嘗試，是振興傳統棋道的第一步；是把中國象棋推向世界棋藝舞台的第一步；更是賦予傳統棋藝再生，將象棋的實用性與藝術結合的第一步」。

離開「人間」副刊之後，朋友們都知道以「高公」的雄才大略，必然會找出另一片可以拓展的疆土，再造風雲。但在什麼時候、會涉入什麼領域、以什麼樣的姿態「重出江湖」，是大家有興趣也很關心的話題。

高信疆選擇的是成立上秦企業公司，首先推廣造型象棋。這讓人意外，卻也不太意外。意外的是棋道要在現代社會推展，造型固然是考量的因素，其他如社會環境、趨勢，工業製造與產銷通路等等，皆有其複雜與困難度。不意外的則是，琴棋書畫原本就是我們老祖宗的生活雅趣，棋道有深邃的文化內涵和歷史意義，這樣既延續傳統又開創新局面的文化活動，原本就是高信疆志趣所在。他曾經說過，之所以投身傳統象棋的現代化，乃是「基於對中國文化悲涼的心願，對中國未來巨大的感情」。

造型象棋靈感的發端，是在高信疆卸任副刊主編赴美進修期間。他觀察西方社會現代化同時，西洋棋無論造型或棋道，都一樣受到欣賞和重視。在瑞士有西洋棋公園，法國龐畢度中心舉辦過西洋棋設計大賽，西洋棋被當成藝術品陳列在博物館，也很常見。再說到西洋棋比賽或者日本圍棋名人賽時的盛況，也遠非式微的象棋可比。

說到中國傳統象棋比賽，高信疆很喜歡舉一個例子。民國十六年，廣東省曾舉辦「全省第一屆公開象棋大賽」，雙方在大佛寺廣場各搭司令台，三十二位學童權做棋子，兩軍對壘，攻守之間熱烈的戰況，讓圍觀者看得如癡如醉。象棋在未來的台灣，甚至大陸，是否也能重現這樣熱烈的氛圍呢？

從構想到實現，就如高信疆夫婦所說的，是「一段備極艱辛的過程」。包括資料的蒐集、選擇題材、構思造型、統一風格到材質、色彩、棋台、棋盒、棋桌的設計種種，過程的繁瑣複雜，難以盡述。

那次設計大展堪稱文藝界人士的大會師，參與的藝術家、學者、設計家、民間藝人、漫畫家、作家超過百位，包括：漢寶德、董陽孜、席慕蓉、楊柏林、朱銘、蔡志忠、詹素嬌、奚淞、鄭問、陳慶良、孫密德、羅智成、曾進財、謝以裕、吳榮賜、侯金水、張炳鈞、歐豪年、林崇漢、林惺嶽、王三慶等，或參與設計、製作，或提供想法，顯見大家對高信疆重新出發的肯定與支持。

時間、心力的付出，無數朋友所寄與的信賴和期待，加上近千萬資金的投入，難怪當時高信疆形容自己是切斷退路的「過河卒子」，只有「背水一戰」了！

造型象棋的確漂亮地站起來了，展覽期間備受矚目，平面媒體和電子媒體都大篇幅報導，引起許多話題和討論。然而產品正式上市之後，銷路卻不如預期，據說原因之一是通路打不開，原因之二是仿冒嚴重，而仿冒者的通路又比他的上秦公司還強。後來高信疆曾感嘆的說，造型象棋的報導都是免費宣傳，以當時的廣告費計算，價值超過一千萬，可惜回收不成比例；「因爲我們被仿冒打敗了！」

多年以後，當青少年把時間消耗在形形色色網路遊戲，成年人仍舊耽溺於方城之戰，如果你偶然在某個文藝界人士的家裡，看到一顆顆如藝術品般的造型象棋，靜靜陳放在某個角落，想起世事風雲變幻，能不有無限感慨嗎？

卷雲

你的衣袂孅孅飄舉
映入灰飛時的寧靜
你的步履悄悄走過
留下火爐上的唏噓

——高上秦〈炊煙〉

上圖／
一九九四年，在馬來西亞《星洲日報》演講，
該報總編輯洪松堅（左）致贈感謝獎座。

中圖／
一九九四年，在馬來西亞華文報刊編輯人協會主持
「華文報業趨勢座談會」。

左頁／
創立美國明報一九九七
左起：高信疆　鄭培凱　夏志清　鄭愁予。

明報
鄭培凱先生

主編　北京《京萃周刊》二〇〇一

右圖／《京萃周刊》主持「華夏弦韵音樂會」記者會。

左圖／音樂會圓滿結束。

京萃周刊
“水井坊之夜”·《京萃周刊》·华夏弦韵音乐会
水井坊

上圖／一九八三年在美國太浩湖。
中圖／一九八五年印度。左起：高信疆　瘂弦　何懷碩　導遊。
下圖／一九九〇年太魯閣。
左頁／一九九三年俄羅斯。

右頁／
一九九四年跨足上海。
左頁／
二〇〇一年邁向北京。

送高信疆歸大陸序文

李敖

生離死別有兩種，一種是對人的，一種是對土地的，半個世紀前，禍國者蔣介石和他國民黨僞政府流亡到台灣，兩三百萬的各省各地同胞也相隨或被迫來到那裏，在蔣介石一連二十六年的高壓下，在蔣經國接連十三年的高壓下，同胞不堪回首也不准回首，對人、對土地、他們生離之後，繼之死別。

十年二十年過去了，三十年四十年過去了，五十年也過去了，生離死別的第二代，他們成長、壯大、出類拔萃，在千分之三的中國土地上、在海角天涯的台灣島上，他們雖然大展身手，可是不能一施抱負，因爲在格局太小的島上，假民主使他們不能變成主人，眞民粹使他們又淪爲客人，他們雖然無怨無悔，可是畢竟有志難伸，台灣對他們太小了。

「他們」在文法上是複數，在事實上卻是少數，寥寥可數的少數。這些最優秀的中國人，他們不甘埋沒在千分之三的中國領土上，他們希望有朝一日，能夠爲千分之九百九十七的中國，略盡綿薄。我的好友高信疆是有大才幹的優秀中國人，他將把他優秀的餘生，貢獻給千分之九百九十七的中國。

一千兩百年前，韓愈寫〈送李愿歸盤谷序〉，寫大丈夫人生方向的轉折，最後「升高而望遠」，「終吾生以徜徉」。一千兩百年後，我以超邁古人的新贈序類文體，爲信疆一壯行色。前瞻大陸，回首台灣，人生徜徉至此，亦高人哉！

拜訪李敖／金蘭大廈書房。

將軍一去，滿江歎息

杜南發

副刊因緣

我初識高信疆，是一九八一年三月，在一個春意猶寒的台北夜晚，那年我二十九歲，他三十七歲。

當時我剛主編《南洋商報》文藝副刊〈文林〉，想改變本地傳統文壇和港台文化界關係上的「被動」格局，也不滿意傳統副刊「靜態」的編輯形式，剛好認識了當時在台北出版界有「小巨人」美稱的出版業風雲人物沈登恩，還有名作家倪匡，在他們力邀下，又獲得總編輯莫理光的支持，便北飛港台，對兩地許多著名文化人進行一系列採訪。

這是新馬文藝副刊編輯首次主動前往海外採訪，大家都感覺很新鮮和興奮。

飛抵台北是傍晚，倪匡到機場接我，一起趕去參加柏楊召集的一次文化人集會，在那裏結識了當年在文化大學被女學生形容爲「鼻子非常希臘、眼睛非常拉丁」、風華正茂的高信疆，和他曾經是大學校花的美麗妻子柯元馨，但未及深談，我就被哈哈大笑而至的古龍拉走，與倪匡一起到他在天母的家裏去「練酒量」。

幾天後，高信疆約我到《中國時報》大樓，參觀聞名一時的「人間副刊編輯室」，我們一見如故，從晚上十時聊到凌晨二時，他對遠從南洋來的一位年輕人，竟然還知道他早年曾經搞過一本《龍族詩刊》，深感驚訝，也對當時台灣文壇還很陌生的新加坡華文文藝感到興奮和感動；後來我曾在文章中寫下了對他的第一印象：

「這次見面，使我肯定了他是一位具有魄力和幹勁的那種人，他一面抽著香煙，一面讓各種大膽和動人的新構想如一脈活水般淙淙泉湧，而且有許多構想，肯定是他在談話中觸類旁通式地湧現的，在幾秒鐘之內，他便已經把這許多原始的構想，一一具體而動人地呈現在大家眼前，至於他在處理問題時所作的快速而具決定性的判斷，其速度和方法，都令人非常直覺地感到那一股充沛的活力的存在。」

當時他身兼報社和出版公司多項要職，也在大學講課，是台北文化界大紅人和大忙人，每天活動緊張而密集，但他第二天還是興致勃勃地約我再到報社去，當時的「人間」副刊是引導台灣文化風潮的時代重鎮，工作緊張忙碌，爲了和瘂弦主持的《聯合報》副刊「打戰」，內容版面不斷改變，在檢字排版時代，換版極麻煩，但大家還是在高信疆指揮下衝刺到最後一分鐘，那種戰鬥氣氛和不斷以長途電話與海外作家聯繫的運作法，是我前所未見的體驗。

半夜下版後，他請我一起回他家裏，徹夜長談，直到凌晨。

這次專訪對我有兩大衝擊，一是整個訪談過程，完全是他侃侃而談，旁徵博引，言詞精確，連續數小時說話，毫無停頓或更改一言一句，我事後只要根據答錄機直接抄下來，就是一篇完完整整的精彩文章，連標點符號也不必增改！

另一個更大的衝擊，當然是他所談的內容，就是對副刊的文化理念和期許。

他從歷史和文化的高度，認爲華文報副刊向來就具有特殊的社會使命，作爲編輯人，必須有自己的計畫和理想，必須具有歷史意識和現實責任；他的理念和目標就是「要追求中國精神的重建」，這是指一種文化身份上的自覺；在實踐上，他給自己制定了三個原則，就是「擁抱台灣，熱愛中國，胸懷天下」，使副刊成爲一種文化的前哨站，成爲社會文化尋求突破和進步的力量。

雖然我們所身處的社會和文化環境不同，但他的理念精神和實踐行動，卻讓我看見了一個很不一樣的「主動編輯」和文化創意的概念，也讓我感覺到平面的副刊，其實完全可以具有立體的生命的可能，可以從單純的文字，走向多元的結合，形成一種新的社會文化面貌。

回國後，我開始更大膽地改革副刊版面和內容，以主動策劃的計畫編輯方式，進行許多新嘗試，並在版面引入美術設計的概念，刺激改變了八〇年代新馬副刊的文藝生態和面貌。

名士風韻

認識高信疆，我們都感覺，彼此可以是一輩子的朋友。

在主導「人間」副刊叱吒風雲時期，他還只是三十多歲，但在編輯室裏，大家都戲稱他爲「高公」，他位於羅斯福路三段台大附近的住家，也就成爲名副其實的「高公館」，其實當時那裏更像是一個「文化沙龍」，經常高朋滿座，文人墨客，往來不絕；我每回到臺北，他都會召集許多文化好友一起共聚，談文論藝，每每通宵達旦，是很好的腦力激蕩，也是感性的交流，在那裏，我和林清玄、張大春、詹宏志等許多當時還很年輕又「很有概念」（當時的說法）的文化人，成爲好友；經常在盡興告辭時，大家下樓出門，天際已經初現魚肚白色，台北街頭還完全浸在一片清晨朦朧淡藍色的水樣靜謐裏，只有我們的笑聲，打破了暈黃色街燈守候了一整夜的寂寥。

有一年，他邀了金庸、倪匡、董千里、沈登恩等數人，一起結伴南來，那時在珊頓道有一家俄羅斯餐廳，我們一起在那裏晚餐，我們有許多人都是第一次嘗試俄羅斯菜，大家只知道一道張愛玲小說中的「羅宋湯」，其他毫無認識，只好亂點一通，笑聲中，金庸頑性大發，拿了一份餐牌，就在上面寫了「請吃我家菜」，下署名爲「查可夫斯基」（因金庸本姓查）！大家一見，紛紛輪流點題，倪匡哈哈大笑，龍飛鳳舞地寫了「大口吃肉、大碗喝酒、豈不快哉！」，當時我身邊剛好是洋人領班彎腰爲大家點菜，所以我寫的是應景的「北國英雄競折腰，風流人物看今朝」，高信疆大筆一揮，寫的赫然是兩句岳飛《滿江紅》的名句：「壯志饑餐胡虜肉，笑談渴飲匈奴血」！

當下舉座公認，金庸所題署名，嵌入己姓，天衣無縫，最爲有趣；但以氣魄格局，則以高信疆援引飽含歷史文化與現實情懷的岳武穆題詞，最能令人動容；高信疆的才情與狂狷，由此可見。可惜當時這張餐牌，不知爲何人所收，如保留到今天，那也是充滿名士風韻的一件文物了。

北地異國

回想起來，我雖然和他交往多年，但相聚最長的一段日子，卻是他剛被「流放」美國的時候，或許也是他心情最落寞的時候。

那是一九八五年三月，已經是初春，但美國北部的威斯康辛州滿山遍野仍然還是一片皚皚白雪。

我從華盛頓飛到芝加哥，住張系國家裏，高信疆專程從威斯康辛州的陌地生（Madison），坐了三個小時的長途巴士到芝加哥來，再和我連夜坐三小時車北上。

陌地生是所謂「四湖之城」，雖然是威斯康辛州首府，卻是一個很樸實的小城，整個城鎮也就等於是威斯康辛大學的校區，是當時也住在那裏的劉紹銘教授酒後對我戲稱「連脫衣舞也沒有的無聊之城」。

午夜時分，我們的灰狗巴士抵達終站，是大學的行政大樓，乘客迅速散去，已經坐了大半天車的高信疆還是興致極高，他興沖沖地說我一定要去看看雪夜裏的夢門塔湖（Lake Mendota），他說這是鄭愁予寫過詩的名湖，我們提著行李，繞過行政大樓高大廊柱透出的微弱黃光，冒著刺骨的零下寒風，一路走向黑黑漆漆的天地，兩人跌跌撞撞走了一段雪地，雪深及膝，腳高腳低，卻發現雪越走越深，憑著微弱的雪光，這才發現我們原來已經走到遠離岸邊的積雪湖面上去了，他大笑而返，在黑暗而寒冷的異國雪湖上，我第一次聽見他似乎以全部肺活量的力氣、完全敞開胸懷的笑聲，那是一個眞情漢子的笑聲，那一刻，彷彿讓我看見一位不同的高信疆，狂放，不拘，純粹，如冰似雪，在黑夜遼闊的大地上完全釋放出來。

那一夜的高信疆，我後來再也沒有見過。

Madison 約定俗成的音譯是「麥迪遜」，把這美國北方的小城翻譯成「陌地生」，眞是神來之筆，十分生動貼切；後來去拜訪長居此地的名學者周策縱（他是我的「太老師」），才知道如此淒美幽深的地名，原來就是他翻譯的！眞可與當年徐志摩翻譯的「翡冷翠」（Firenze）、及胡適翻譯的「綺色佳」（Ithaca），並列爲三大絕佳翻譯地名。

彷彿爲威斯康辛大學而存在的陌地生，是個典型的大學城，緯度相當於中國東北的哈爾濱，冬季很冷，我到之前的一個月曾經是零下三十度，當時也在那裏讀書的詩人羅智成就曾有一句詩曰：「在陌地生的冬季，你可以聽到自己血管裏冰塊互相撞擊的聲音」，嚴冬酷寒，滿地厚雪，夜靜時分，降雪更深。

我到不久，正作北美「浪遊行」的台北才子詹宏志和太太王宣一，兩人也打著背包，風塵僕僕地趕來探望好友與前上司高信疆，在高信疆的公寓裏，太太住房間，我們三個大男人就在客廳打地鋪，對著窗外昏暗的雪色，煎茶煮酒，閒話通宵，共談創意，眞是平生一大快意事。

那時詹宏志正積極研究東西方文化大趨勢與創意，讀了許多書，也一路細心觀察各地出版與文化產業動向，記得有一晚，我們談到中國象棋，高信疆突然提出西洋棋爲何能風行全球，中國象棋卻只能局限于亞洲地區？討論一番後，大家都認爲應是中國象棋上的中文字與造型所造成的隔閡與局限，高信疆說他對這問題已單獨思考了一段時間，他後來開發並轟動一時的「中國現代造型象棋」，應該就是在那個寒冷的春夜裏眞正具體成形的。

幾天後，詹宏志告別上路，臨行前對高信疆神情激動地說的最後一句話是：「信疆，我們都在台北等你回來，一起做大事」！那天的情景，迄今仍深深印在我腦海裏。

後來詹宏志成爲台灣的「趨勢大師」，又以聯盟策略，創建大型的城邦出版集團，還成功說服李嘉誠投資，成爲舉足輕重的風雲人物。

高信疆卻沒有走這條路，他還是對「發財」和商業經營沒眞正的動心，他始終不能忘情的是知識份子的人文情懷與社會關懷。

當高信疆一路送我回芝加哥，準備搭機回國時，我就已經感覺身在異域體會的孤寂，反而讓他更有一份自己心靈清明的信仰和堅持；他當時和住在芝加哥的好友李歐梵來往密切，兩人幾乎瘋狂地沉迷古典音樂，有天下午還堅持「拉」我到音樂廳去觀賞著名的芝加哥交響樂團的演出，那時我還完全是門外漢，只覺得好聽，但他卻聽得兩眼發亮，如癡如醉；爲了讓我進入音樂世界，他還特別不斷細聲爲我解說每一小節的特色與意境，「這是春天來了，人間處處充滿喜悅的躍動」，「這是旭日初升，大地和生命開始逐漸蘇醒」……

從音樂廳出來，滿街斜陽，他站在臺階上對我說：「這一刻，我覺得自己是個精神上的帝王！」

這一刻，我知道，高信疆還是高信疆。

信箋心境

今天，我還保留著他二十四年前高信疆寄給我的信，其中一封是他在芝加哥機場和我揮別後，當晚回到陌地生，在燈下寫的，整齊清晰的筆跡，密密寫滿了四頁信箋，也罕有地流露著他內心世界那些感情脈絡越發清楚的流向；信箋開頭寫著：

「南發：在寒冷的北地裏，你的來臨，彷彿一整片南方的陽光，朗朗的揮灑在陌城的湖濱，林梢，和街角。只可惜，你停留的太短暫了。

週五歸來，又是子夜。走在陌城寂靜的路上，有一種深沉而龐大的落寞，伸展在我的前方。

其實，兩年的陌城生活，寂寞早已成了我的知友。有時，夜半落雪，一人獨步，更是我生活中的一份清新的結晶。正如那晚我們所談的，我常常覺得，在生命邁入成熟的階段，忽然間，我能自冗煩的庶務中，抽身而出，退隱到這個熱鬧中的靜寂的角落，側身自省，再認自我，實在是一件萬幸的事。我很高興，能夠重新尋回那個單純的、完整的自我。

而我也因此更珍惜於：一份真摯的情誼，一種誠懇的品味，一顆樸實的心，一個溫煦的家。許多生活上的、外在的華采和裝飾，都沉澱了，人的自身，卻深邃而清醒的站出來。……。

想想過去的日子，繁雜的瑣事，匆忙的調子，急切的追逐，忘我的投入……，時間在割裂的生命中剝蝕了。多少殷切的愛與希望，多少自我、真純、個性，在耗損——

理想只是一片炙人的火光，映照著我的殘缺與灼痛。

這大概就是一個「媒介人物」的天譴吧！

所幸，這種長期曝曬於公眾事物之間，往返奔逐的日子，已經漸漸遠去了。而音樂的純粹與博大，才能在這樣的寬闊的心境中，在這樣的澄寧的時間裏，向我走來。應合著我內在的韻律，拍擊著、撫慰著、終至於提升著我了……」

雖然，從美國重回台北的高信疆，還是逃避不了他在媒體世界裏領軍馳騁的宿命，也經歷了許多起伏浮沉，但他的朋友還是一樣多，我也相信，他的內心，已經能夠有自己一片澄寧的天地。

滿江長歎

當年，高信疆被逼流放美國的時候，曾被人形容爲是「失去戰場的將軍」；後來，又有人說「是將軍，就不會沒有戰場」。

如許風雨，如今都只是曾經，只是過去。今天的媒體世界，早已全然是另一場不同的遊戲。

有道是：將軍一去，大樹飄零；又有道：蕭瑟秋風今又是，換了人間。

我想起的只是元人張可久寫的兩句曲詞：「隔江和淚聽，滿江長歎聲」。

我想說的只是簡單的一句：信疆兄，一路好走！

潤物無聲的文化傳遞者

老村

連續幾天，一坐在電腦前，想要寫這篇文章，淚水就止不住下來。先生去世的第二天，即得到噩耗的幾小時後，先生生前的朋友，不約而同地從四面八方趕來，聚集在律師孔甯的家裏，給先生做追思會。孔寧在院裏點起許多的蠟燭。每一個朋友進門，她都要陪著流一遍淚水。台灣籍、清華大學物理學教授程曜來了，導演李楊來了，畫廊經紀人潘修龍、畫家王艋來了，文化產業策劃人馮曉哲和公司的伊冰女士來了，與先生接觸最密的朋友、音樂家梁和平攜夫人、歌唱家趙麗帶著他們的小兒壯壯一起來了。小壯壯兩歲，還不懂事，以爲同平日那些熱鬧的聚會一樣，揚著稚氣的笑臉，圍著大人蹦跳。他還不懂得，大人中間發生了什麼。等大家抹起淚，媽媽趙麗哽咽出聲，他這才發覺情形不對，跟著大哭起來。是的，這群人中間，是發生了一件特別重大的事兒。做一個不恰當的比喻，比如說這時候，發生的是去年四川那個特大地震，對這群人的心靈產生的震動，也就今天的這樣子了。因爲這種悲痛，和他們每個人的心，直接相關。是的，是發生了一件特別特別重大的事情。這些先生生前的朋友，一起在北京相濡以沫地交往了這麼多年，還沒有遇到比這件事更爲重大的事情。大家很難相信：先生走了，離開了我們！

昨天中午，馮曉哲突然來電話，說他和梁和平，就先生的事談了兩個多鐘頭。他們商量的結果，是要由我來執筆，寫些什麼，代表大家，表達對先生的哀思。我回答他，不用你們說，我一直在想，只是沒落筆而已。馮曉哲一直忙自己公司的事兒，有兩年不和大家通消息了。這次他這麼主動，可見也動了感情。當然，動感情的不止是他。著名導演李揚，追思會的晚上，眼睛紅紅的，異常專注地寫一首七絕詩。一字一字地摳，要把自己對先生的感情，濃縮在短短的幾句詩裏。梁和平將自己作曲、趙麗演唱的《愛的家在天堂》放進音響裏，播出的霎那，大家都哽咽了，用簡短的話交流。——語言，確實太局限，也太有限了。它已經承擔不了我們失去先生的哀痛。但不能不表達，只能這樣。先生的去世，讓大陸每一個結識或接近過先生的人都感到震驚。震驚之後是傷心。李揚組織的聚會上，尹光中先生，一個有著國際影響的非常優秀的畫家兼雕塑家，也是先生的朋友，從祖國西南邊遠地區的貴州，趕了來。進了門，我悄聲告訴他先生的不幸。尹光中一時愣住，接著長聲哀歎，許久換不過表情。追思會的夜晚，我曾說一語，「先生在大陸這些年，幫助過無數的人。」李揚說，「是影響，先生用他的學識和人格魅力，影響了無數的人。」是的，是影響。先生走到那裏，就影響到那裏。雕塑家尹光中和先生就一兩面之識，來去匆促，儘管時間短，卻留下極深的記憶。馮曉哲在電話裏對我說過，先生的道德風範及學識涵養，在當今，在我們的視野裏，幾乎是一個不再可以複製的人物。我同意他的說法。我在自己博客裏這樣寫：先生是在他思想至爲成熟、精神至爲純粹的時候離開了我們。是的，是「至爲」。先生在他在京最後的幾年，對現實的判斷，對事物的分析，已到了非常通達和極其中肯的地步。他的言論溫暖而不失犀利，謙恭兼有智慧。所有與他交談的人，幾乎是在他不顯山露水的分析或評批中，受益匪淺。我和先生曾議論過他平時的談話，我將它稱之爲「撥亂反正」。——是眞正的撥亂反正。先生聽到我這樣說，笑了，似乎挺認可。先生在京這些年，許多時間看似閒居，除自己讀書，偶爾有一些聚會。這些聚會，看似一些閑淡事兒，但他正是通過這些聚會，每每給那些直接或間接的接觸和交談者，以眞知正見。是的，是正見。因爲大陸這些年來，許多看似常識性的道理，都被人們搞歪了，弄擰了。先生平日不得不一點一滴的糾正，一字一句的解釋，細小的，大量的。這種自覺或不自覺的事兒，恐怕先生自己，沒怎麼看重。先生是有抱負的人。他內心的期待，在更大的地方。他說過的那些話，在他感覺，也許沒有什麼，但是對於別人，卻非常重要。《論語》裏記載的孔夫子言行，大多也都是生活裏一些細小的事，但它卻給我們民族送來了文明的曙光，影響到我們文化兩千年的過往。所以，現在，我後悔的是，當時爲何不將先生平日的談話記下來。有這感覺的，不僅僅我。許多的人，都有這樣的後悔。

這樣說，不是拿先生和孔夫子比。不是的。是我們中間的許多人，由衷地感受到，先生平日一些看似不易爲眾人察覺的言行，但對於某些個人，在某個特定的時候，或者特定的情形下，卻有著極其光輝、溫暖的方面。因爲正是這些看似細小的言行，影響到他的一生，燭照到思想的昏暗。先生正是用他平時看似平凡的努力，一點一滴地，潤物無聲地，把他對中華文化的信仰，傳遞給我們，使我們的生命，有了眞實的依託。

許多年來我雖然一直在閱讀，但眞正有用的，能對自己認識發生深刻影響的書，並沒有讀過多少。後來從事寫作，只顧埋著頭一氣寫了下來，忽視了知識的系統性。這缺失，常使我感到自卑。從二〇〇六年冬天起，幾乎是遊戲一般，先生開始帶領我讀書。許多書，先生總是買兩本。他一本，我一本。讀完後，找一家咖啡館，兩個人坐下來，一談談一個下午。慚愧的是，我的閱讀速度，總比先生要慢上許多。一本四十萬字的書，先生兩天就讀完了，而我卻要讀上一個星期，甚至更長一些。起初我以爲先生是走馬觀花。但是後來發現，在先生閱讀的書頁裏，許多地方都有筆劃過的痕跡，許多段落都作了批註，一些錯別字和標點用錯的地方，也都一一校正過來。仔細的程度令我大爲吃驚。也是這些日子，在先生的引領下，我的閱讀發生了質的變化。先生像家鄉那些勤懇的農人那樣，在推薦我去閱讀的那些重要書籍裏，看到幾乎每一頁都經由他十分精心地圈圈點點，寫下自己的感悟。——當然，起初他是爲他自己寫。他不會想到，他無意間留下的這些感悟，給我以多深刻的啓發啊。這時候我才明曉了，怎樣閱讀，才算眞正的讀書。我從小讀書散漫慣了，七倒八歪地躺著讀書。先生讀書，從來都是危襟正坐，拿著筆，筆尖放在讀的句子下面邊劃邊讀，像學生上課一樣認眞。先生說，這是從小養成的習慣。先生還不無慚愧地說，過去他讀書，會做讀書筆記的，現在懶了，將想法直接寫到書頁上，按道理很不應該。我也感覺到，從這時開始，我在寫作上深入了進去。我的小說《黑脎》，幾乎是在先生指導下寫成的。先後改寫了四遍，每一遍都由先生親自過目，提出詳細意見，然後再改。如果不是先生因病離京，可能還繼續修改。去年四月，小說出版後寄給先生。病中的先生在海峽對岸，用微弱的聲音，談他對小說的看法。基本上算通過了。在我，感覺從這本小說開始，我的寫作始才由一條崎嶇小路眞正走上了深廣的大道。我明白，這次寫作，是先生用他的智慧和美善之心指導著，幫我完成了對一個特殊的中國母親的洞察。這個母親形象，生命裏有中國近代「革命」深刻的愛與痛。由此我想到先生早期對台灣那些文人和作家的影響。

二月底給先生去電話。夫人柯元馨電話裏欣悅地告訴我，說先生受浸歸主了。聽到這個消息，我心想，先生從受浸歸主的一刻起，將自己徹底奉獻了。給自己，也給他身邊最親的人們，一個圓滿、快樂的結局。因爲我這樣感覺，先生的信仰，是人類所有信仰——加起來的那個東西。他選擇了基督，最後一次印證了他的過人之處。從此可以與他相伴一生、對神至爲虔誠的夫人永遠在一起了。

通過先生，我認識到文化的傳承一方面是靠書本的學習；但還該有另外的面向是通過生命——活活潑潑的可觸可見的生命來傳遞的。這傳遞不是用知識或者道理這些指標來衡量的，它似乎和禪宗的傳承一樣——只須他活生生的站在面前，拈花一笑，一個大的生命眞意，就這樣傳了下去。先生在大陸這些年，實際上做的就這工作。在先生身上，是有一種來自我們文化母體的那種溫暖。所以他才無論任何時候看上去，都那麼文質彬彬，溫文爾雅。先生承擔著個人的孤獨、痛苦、尷尬……諸多的人生的苦，像早期傳播福音的基督徒一樣，來到我們中間。他的作爲，並非完全自覺，但在實際進行，和我們的生活，和我們這些「土壤」，發生了播與種的深刻關係。不久前，我和先生的台灣好友郝明義先生談這個問題，他似乎認可我的這個說法——是的，大陸是土壤，到大陸來，最好是深入到土壤裏，以切實的承擔和忍受，和深層土壤發生深的關係。其實這也正是台灣對於大陸的未來意義——在文化上，幾乎是不可或缺的補充，甚至是模範和引領。中國歷史裏，在文化融合的過程裏，有著太多的先例。所以先生在京七年，看似隱居，實是彰顯。彰顯著中國文化在一個胸襟廣闊的賢人君子的生命裏，有著一種怎樣的風彩。所以我想，是不是還該這樣總結，先生以他的離去，給我們顯示出這樣一個道理：大陸和台灣雖然歷史不同、海峽兩隔，但是在我們之間，在兩岸學者和文化士人之間，因爲血緣的關係，是該用一根超越地域，超越政治，超越意識形態等等之上的文化根脈，緊緊地維繫起來。這不是哪一個個人，甚至哪一個政府、政治集團或者什麼地區勢力的事情，是我們民族的文化深層，生命深處，共同的需要。先生生前對大陸一些令人遺憾的現象，曾不止一次說，我們民族苦難太多太久了！不該再折騰下去了！是的，誰也不想折騰，但不折騰的前提之一是，得讓大家的內心有一種甚至超越文化的，有一種貼心的溫暖。我們之所以這樣敬重先生，傷心先生的離去，不是因爲別的，是因爲失去了先生身上那種光照我們生命的溫暖。

這裏，我默默地告訴先生，您安息吧，我們大家愛您，想念您。

柔軟的心與軟實力

邱立本

第一次認識高信疆，是在一九七二年《中國時報》編輯部。我那時候剛從政大經濟系畢業，獲殷允芃小姐推薦到台北大理街《中國時報》上班，當國際新聞編譯。高信疆除了在《中時》工作外，也編一份詩刊《龍族》。不知道他從哪兒打聽到我也喜歡寫詩，就向我約稿，我也很快寫了一篇小文章給他，也從此開始了我和他的緣份。

信疆的魅力就是有一種自然的親和力，總喜歡和不同背景的人聊天。他知道我是香港僑生，就喜歡和我聊香港的文壇和香港的現代詩。有一次他邀我中午去他家吃午飯，印象中是一個小小的四樓，這是我第一次看到柯元馨嫂子，覺得他們兩個好像金童玉女。午餐吃得很簡單，我記得有一道菜是蕃茄炒蛋。但更重要的菜單是詩與文學，以及中國的未來。

沒想到我們重新共事是二十四年之後。一九九六年他來香港《明報》集團上班，擔任集團編務總裁，我是那個時候剛好擔任集團旗下刊物《亞洲週刊》總編輯和《明報》月刊總編輯的工作，因此常常和他開會、聊天，也了解他的詩情與壯懷激烈。

信疆剛接任這工作，就逆其道而行。本來張曉卿先生要將整個集團交由他領導，包括行政與財務大權，但信疆卻沒接受，放棄了全盤掌控《明報》集團的權力，而只是願意領導編務改革。

信疆在《明報》的編務改革最後沒有成功。很多朋友都為他惋惜，認為關鍵是由於他沒有掌握全部的權力，尤其是財政大權。這當然是事實，但更深層的原因，則是他對權力並不在乎，他最關注的是理想，而要實現理想，他認為可以靠自己那顆柔軟的心。

他到《明報》集團之前，曾經在慈濟當義工，也許被證嚴法師的佛家慈悲之心所影響，他沒有那種企業領袖的強勢，也不屑靠這種強勢去推動改革，儘管當時的《明報》集團，的確需要這種強勢，信疆毋寧期望以柔制剛，讓百煉鋼化為繞指柔，可以推動他的理想落實。

但媒體企業內部殘酷的現實，砸碎了信疆的美夢。他的柔軟被視為柔弱；他的與人為善，被視為猶疑不決，也讓他的理想化為泡影。

我記得有一天晚上約十點鐘左右，我還在《亞洲週刊》

編輯部，他叫我到他在《明報》編務總裁的辦公室，他拿著一篇《明報》明天要發表的社論清樣，上面用紅筆密密麻麻改動了不少。他和我討論這篇社論的內容，問我的意見，我也老實地說出我的看法，他也據此在版面上再作改動。之後我就回去辦公室上班。但沒想到第二天看《明報》社論，竟是原封不動，上面完全沒有他改動的痕跡。也就是說，昨天晚上，他花了很大的勁所作的改動，完全沒有在版面上呈現。

我後來一直不好意思問他，究竟是《明報》編輯部拒絕了他對社論的改動，還是他最後沒把這篇改動了的社論稿子發下去。

信疆在不愉快的氛圍中離開《明報》集團，也許就和他的柔軟理想與堅硬現實碰撞有關。但他其實並不眞正在乎，因爲他對權力本來就沒興趣，也對在香港工作沒有太大的興趣。他後來轉戰北京，出任幾個集團的顧問，期間並主編一份《京萃周刊》，凝聚了全球華人的名作家，連最難約到的李敖稿子，也被他約到了，創造了北京一種新的文化現象，讓海外和台港的名家，都可以在這刊物出現，豐富了全球華人的文化舞台。但信疆最嚮往的是追尋中國更多的軟實力。正是他那顆柔軟的心，讓他可以凝聚更多的軟實力，他廣交四方八面的朋友，傳播中國明天會更好的信息，也創造更多的平台，讓朋友可以恣意騁馳。他就像北京的文化大使，要把這城市最好的一面，與全球朋友最好的一面融合起來。

多少個晚上，我和信疆就在北京的餐館、酒館、咖啡店聊天。他總愛抽著菸，在煙圈繚繞中，激盪最新的靈感，喚發不一樣的創意。信疆覺得中國正面臨改革的拐點，興利難，除弊也難，而關鍵在於人才的匯合。他當編輯的背景，了解天時、地利、人和的重要性，而全球華人社會的能量，配合當前神州大地迸發的力量，一定可以創造新的氣場，爲中華民族創造新的機緣。

信疆的北京生活，讓他成爲很多朋友的核心。無論是哪一種思想背景與理念，他都以誠待人，也刺激他們更多元化的思考。他爲企業當顧問，出點子，常有佳作。他不喜歡出名，不上電視，少在媒體曝光，但卻是很多名人與「大事件」背後的推手。他讓自己成爲低調的幕後人物，爲中國高調的發展盡一份心力。他讓自己柔軟的心，成爲推動中國軟實力的一種秘密力量。

這股秘密的力量，如今悄然消逝。但他那顆柔軟的心，還堅強地在多少好朋友的胸臆中跳動，並繼續爲中國的軟實力跳上新的台階而努力。

海內存知己

蕭依釗

八〇年代末，高先生第一次訪問馬來西亞，參觀了剛被當局禁刊了半年的《星洲日報》。他深有感觸地說，看到《星洲日報》同仁在沉重政治壓力下衝鋒陷陣，讓他想起了自己在台灣報禁時期的《中國時報》「人間」副刊的歲月。

後來，高先生覺得有義務協助這樣一份爲民喉舌的報章，遂決意二度訪馬，來給《星洲日報》編輯部的同仁上課。他描述台灣報紙副刊比正刊更有影響力的風雲時代，談到了「人間」副刊與聯合副刊的激烈競爭……。

高先生與時任《星洲日報》總編輯的劉鑑銓先生相惜相重，成了莫逆之交。一九九五年，《星洲日報》董事主席張曉卿先生收購了香港《明報》之後，在劉鑑銓先生的引薦之下，張主席禮聘高先生爲編務總裁。

高先生在主編「人間」時，結識了許多名士，也培養了不少作家。九〇年代初，《星洲日報》創辦了「花蹤文學獎」並主辦系列文學講座，當時極需台灣作家的支持。他除了來當我們的評審外，也爲我們引薦了好幾位作家，其中一位是張大春先生。雖然他很忙，但卻毅然放下手上工作，我還記得當時他是這樣說的：「高先生叫到，我無不從命。」這一個面子，顯然是賣給高先生的。

高先生引薦給我們的另一位作家，是張曼娟小姐。《星洲日報》邀請張曼娟小姐到馬來西亞各大城市巡迴演講，掀起了「張曼娟文學旋風」。高先生的引薦，再次爲馬來西亞的華文文學帶來了強大的推動作用。

高先生浪漫豪放，熱情健談。五年前，我到北京出差，順便拜訪長居北京的他。老友相逢，份外高興，滔滔不絕地談他的讀書心得，令我受益良多。高先生的北京屋裡存了大量書籍和光碟。他告訴我，他每天都在閱讀，他享受北京的生活。

一年後，我到香港開會，知悉高先生剛巧也路過香港，便約了他和馬家輝先生到酒店敘舊。高先生興緻非常高，天南地北地談，我們談了三個小時，直至夜深，服務員來明示我們結賬，咖啡廳要打烊了。

知悉高先生患癌，我非常牽掛，雖然不想打擾他養病，最終卻仍是忍不住，於二〇〇八年十一月中從吉隆坡飛到台北去探望他。陪我一道前往的，還有張曼娟小姐、焦桐先生和謝秀麗女士。病中的高先生仍然十分注意儀容，他穿著整齊，端坐在椅子上和我們見面，而且一如既往的健談，連述說治療的過程，都可以談笑風生。他笑說，做化療的時候，要躺在床上把四肢往外張開，有如十字架上的耶穌基督。篤信基督的高太太馬上在旁提醒他：「不要拿基督開玩笑！」

儘管高先生態度樂觀，臉上全無憂戚之色，但我們幾人離開時，腳步卻仍是禁不住變得沉重，彷彿總有些甚麼掛壓在心頭上。

數個月圓月缺後，想說高先生應當在康復中了，好不容易安下了心，卻收到了他辭世的消息。

曼娟即時給我發了封電郵：

「親愛的依釗：

今天閱報得知信疆先生過世的消息

雖然知道這一天會來的

還是忍不住的黯然與傷感

我相信妳與他接觸更多

感受更深刻

他不僅是一個文學風雲時代的代表人物

更是我們相識的重要關鍵人物

我心中一直很感念他的

還好去年因著你的緣故得以見他一面

心中充滿感恩與不捨——曼娟」

我知道高先生一直把聶華苓女士當作大姐般敬愛，於是便也寫了封電郵給她。

聶華苓的回信，只有兩個字：淚下。

我忍得很辛苦的眼淚，也終於潸然落下。

止於所不可不止

吳興文

二〇〇一年四月初，我奉命到北京探路。雖然此前和大陸出版業建立良好的互動關係，但是聽說高公信疆早在半年多前就殺到北京，更增加我的豪情壯志。

我到達北京後，高公已經將中國青年報所屬的《京萃周刊》完成初步的改造。把原本是一份人力資源管理周刊，從單純的人找事、事找人的求職功能，延伸到相關之觀念、技巧與知識的專業刊物。

我到北京，主要負責建立人脈、開拓資源，很快就向他報到。當時還有一家類似的求職週刊，完全以人事廣告內容爲主，高公在半年內，已經提升到人力資源管理專業的層次，進一步想引進更精采的文章，拉開和對手的差距。我恰好躬逢其盛，每次和他見面時，不但有北京各路的英雄好漢，連台北過去的同事或朋友，也絡繹不絕於途。

難得的是，我在遠流博識網《書人一票》的專欄，要以《我的藏書票之旅》爲書名在北京三聯書店出版。高公一直有辦藝術雜誌的理想，看到我寫畢卡索、比亞茲萊等，同時還有藏書票原作，鼓勵我配合書的出版，舉辦展覽。加上當時申奧成功，欣欣向榮，大小工程建設全面展開。他看到經濟形勢大好的背後，需要人文精神支撐，隨後邀請我加入《京萃周刊》工作，正是我夢寐以求的機會。

平時他總是神出鬼沒，忙著開疆闢土，邀稿和應酬。而且每到星期六出刊的前一天，他就要親自督陣，從文字到版面，鉅細靡遺，無不提出比我們更好的構想，同時對美術設計要求特別高。除了我以外，當時編輯和美術部的同事，幾乎都比他小了一輩，缺乏實務的經驗。讓他更加費心費力，教導這些後進。雖然當時我只是負責文字的部分，但是能夠在第一線上，從旁協助他完成理想的版面，眞是三生有幸！彷彿看到他在執掌「人間」副刊，意氣風發的年代。

很快的，我們不但在主要的公共汽車站台上打廣告，同時打入地鐵的銷售管道，更加大和對手的差距。特別是在內容上，已經引起北京文化界廣泛的重視，連當時的中國作家協會的秘書長金炳華，隔三差五約他餐敘，表示高度的關注。

可惜我們當時不知道大陸通貨膨脹緊縮的循環，接著又陷入一九九八年亞洲金融危機後的另一個谷底。原本每個月有的一百多萬人民幣廣告，到了那年十一月底，沒有預告被取消。他仍一如既往，孜孜不倦，有如作了過河的卒子，只能拼命向前。但是沒想到投資方受到安然事件的拖累，毅然決然，到了年底就畫下休止符。我雖然只和他工作了最後的三個月，但在這短短不到一百天的日子，讓我深深體會到高公有如：但常行於所當行，常止於所不可不止；宛若行雲流水般，展現一代編輯大師的風範。

玉樹臨風的文化巨人

陳再藩

因公務，五月上旬在韓國呆了幾天，因此，高信疆過世的消息，我是遲至五月十七日，才於香港飛新加坡的途中，從蘋果日報副刊「星期天飲茶」一篇劉紹銘的追思文章〈物換星移〉中獲悉。

本來，一路讀著董橋、梁文道、張建智等人各別談著遼闊時空裏的故人藝文瑣事與歷史人物的青史皺折，心情果眞像那天上午才在港島灣仔的早晨飲茶，悠閒憩溫。不料讀到〈物換星移〉後一句「如今：長溝流月去無聲」，故人亦成故友，才驚覺是篇追悼文字。頓時心情宛若飛機穿過不穩氣流，翻騰起伏。

我與高信疆僅僅見過兩次面，自己慶幸生命中能「沾邊」這位中華文化圈的文化巨人。

但「認識」高信疆，卻也是二三十年前的事了。

給我介紹這位「紙上風雲第一人」的，是已故音樂家陳徽崇。陳老師於七〇年代初從台灣師大音樂系畢業，學成返馬之後，曾以寶島域外人的留學生身份及視角，給高信疆主持的「海外專欄」寫稿，評說台灣音樂生態及馬國留學生的文化認同矛盾等切身課題。想像當年陳老師才是一位大學剛畢業的年輕人，高信疆目光如炬惜才如寶，不但於台期間約談也於陳老師返馬之後約稿。高信疆一介書生在台灣報業掀起文化風雲的魄力，在八〇年代我與陳徽崇等一起在柔佛巴魯搞文化活動時，早就成了我們的「精神導師」。

一九八六年元宵前，還熱衷於漫畫創作的我於台北參加了台北漫畫人的春酒會。那是蔡志忠帶我過去的，生活簡約的蔡志忠那時開始從「大醉俠」轉入「莊子說」、「孔子說」系列古典哲思漫畫，新鮮又簡約的呈現手法引起極大迴響。問蔡志忠如何鑽研古典，他從口袋裏摸出一本「口袋書」《莊子》說：「我就用高信疆出版的這些小書！」是高信疆將龐大的古老經典變爲能夠入袋隨身的珍袖閱讀，才有蔡志忠將古典化爲九歲到九十九歲都能懂的漫畫哲思。

初見高信疆，是他將立體象棋帶來新加坡展出的那回。當年，聯合早報的杜南發來邀，陳老師便約了我與姚新光一起去新加坡見這位文化大俠。一夕餐酒暢談，文化笑淚參雜，溫文爾雅的高信疆，語言內斂不見辛辣，但他幹出來的創意文化諸如「叫中國象棋站起來」，卻總是石破天驚之舉。永遠記得，燈火之下，聽了我們「報告」柔佛巴魯與馬國華族文化的故事之後，高信疆逐一握緊我們的手，頻頻說：「太難爲了，是文化上的孤臣孽子呀！」

再見高信疆，是九五年末的《星洲日報》「花蹤文學獎」期間。高信疆與聶華苓、於梨華等幾位評審作家，於頒獎禮後還到柔佛巴魯進行一場文學講座，我於會後在一家露天海鮮以烤螃蟹款客，杜南發等也從獅城來聚。如今已記不清當夜酒後言談，只記得高信疆說「螃蟹是聶華苓之愛，酒也對了，很高興見到聶華苓欣展歡顏！」南方邊城何其有幸，能與一眾文學大家共醉，我和陳老師等都珍惜那一夜的「杯盤狼藉」。

後來，高信疆受《明報》的新主人張曉卿之邀到香港任該報編務總裁及張老闆的社務顧問。張曉卿有意讓高信疆爲《明報》撐起一片文化的天空，但如李歐梵所說，信疆的「大氣」和香港報界的「小氣」格格不入……。有一次短停香港，電話問候，信疆說：「小曼，如果天亮前您睡不著，可來報社找我。」而午夜倦極的我，卻錯失了那次的香江會。

飛機在樟宜著陸，急急找份早報，週刊裏大篇幅的悼念文字裏，杜南發寫道：將軍一去，滿江歎息。念想高信疆，我回頭彷彿看見上世紀末中華文化黎明的地平線上，獨立一棵臨風的玉樹。

總是帶著遺憾離去

曹景行

六月尾在台北參加中國文化大學關於兩岸新聞傳播的論壇，《中國時報》老記者李廣淮先生發言中特別提到剛剛去世的高信疆先生。他說，被譽爲台灣「紙上風雲第一人」的高先生，是文化大學新聞系第一屆畢業生，儘管曾在《中國時報》上引領了「人間」副刊的重大變革，最後卻不得不帶著遺憾離開。

過去十多年，我也不止一次見到「帶著遺憾」的高信疆先生。或許，就是這種不斷的遺憾令他過早離世而去，也令所有認識他的人扼腕歎息。

我認識高先生，是在歡迎他加入香港《明報》集團的晚宴上。剛剛接手《明報》不久的張曉卿先生，高興地向我們介紹了高先生和他的夫人，更對高先生主管集團編輯業務寄予厚望。那時我在《亞洲週刊》任職，高先生也就成了我的「老闆」。

那些日子，高先生在香港隻身一人，先住在鰂魚涌康蘭酒店的服務式公寓裏，後來搬入太古城一套不大的公寓，都離我家不遠。有時我晚上放工回家，會搭他的便車，週末也會在街頭撞見，漸漸相熟。

一天他告訴我，我在《亞洲週刊》寫的一篇評論，指責美國在台灣危機中「玩火」，臺北方面有人看了很不受用，傳過話來。過了一會，他翻了翻那篇文章，又補上一句：「本來就是這樣嘛！」

過了一年我決定離開《亞洲週刊》，上樓把辭職信面交高先生。他想留我，但也對我的選擇表示理解。沒想到，不多久他也辭職了。我從側面觀察，《明報》集團那時已形成了新的管理架構，張老闆派來的管理者同《明報》的香港舊人馬自有他們的想法，與高先生的理念未必完全契合，於是他又一次帶著遺憾離開了。後來每次談到香港的事情，他都頗爲感慨。

再次同高先生合作，他已移居北京，主理《京萃周刊》。他約我寫稿，我也幾次到過王府井新東安市場旁邊大樓裏的編輯部。這位來自台灣的資深報人，用了很多心血，帶著一幫大陸的新報人，事事都要盯住。又不料，正當這份週報大有起色、可以展翅高飛之際，來自香港的投資者卻不想再玩下去了。

這次的遺憾，也許深埋在了高先生的心中，此後無論怎樣勸他，他都不願再出江湖了。曾是「紙上風雲第一人」的高先生，在現實世界的種種「計算」面前，只有無可奈何。但他仍然一貫地幫助別人。

相信每個認識高先生的人，都得到過他的幫忙。一九九九年鳳凰衛視的「楊瀾工作室」節目首次到台灣採訪，因爲有高先生的引薦和聯繫，短短幾天就採訪了李敖、證嚴法師等多位人物。對高先生本人的訪談，安排在台大附近他的工作室裏。爲了介紹早年他對中國象棋的創意，他和夫人從家中搬來許多套他自創的象棋棋子和棋盤，累得滿頭大汗。楊瀾自此也同他成爲朋友。這是我見到高先生唯一一次上電視。

高先生和家人到河北他父親的故鄉（一九四九年前隸屬河南省）捐贈了一所小學，想請汪道涵先生題寫校名。那時汪老身體已經欠佳，不再爲別人題字。但他知道那是高先生的請求，馬上說「高先生要的字我是要寫的！」記得最後幾次在北京見到高先生，他最高興的是兒子參加了電影《色戒》的演出，在戲中喊出了「中國不能亡！」

不斷前進的滾石

程曜

信疆兄回台就醫一年前，已經幫我安排好認識一些內地朋友，野放到這個既大又深且廣的叢林裏。我終於體會鮑伯狄倫唱的，像射出的炮彈，不停飛行，沒有退路，沒有方向，也沒有家，像不斷前進的滾石。

久仰他的大名，眞正認識在二〇〇二年的春天，我剛剛從台灣轉到北京工作。第一次見面，他拿了雨傘，一起走出空無一人的《京萃周刊》辦公室，在玻璃大門下面加了道鐵鎖鏈。我們能清楚地看見門後一張張彩色巨幅海報，打出鳳凰衛視的名主播吳小莉。面對停止發行的周刊，他似乎知道結束了最後一搏，顯得有些蒼涼。他說，花了三千萬，我們就快要成功了。難道，他還能衝破內地的思想沉悶，創造當年一樣的絢爛的彩繪？那一年，他還不到六十。

在沉寂的歲月裏，他有充裕的時間照顧我，每兩個星期，都要聚一回。不到三年，他很快地又活躍起來，一會兒到上海，一會兒到山東。剛開始他還使用兩隻手機，企圖分開那些該接，那些可以慢點。才三個月，他就發現不實際。又回到接不停的同一個電話。

北京快速地改變著面貌，由國貿橋往天安門一路西行，可以看到兩旁一落一落的建築，完美地刻錄了編年史。彷彿駕馭著光速，穿越了這段特殊的時空旅程。短短的二十年間，政治潛入地下，經濟帶著呼嘯火速升空。到今年，中國已穩然爲世界第二大經濟實體。

信疆兄，不會放過任何一個細節，從每一個新鮮的事務，來觀察北京的新發展。像一個導遊，他隨時準備好，帶著蜂擁而至的朋友，展現他對北京又一番新的認識。又像一個神經樞紐，應答每一個文藝界的朋友無休止的需求，穩穩地經營著非凡的人際關係。假以時日，他能東山再起麼？

我常想，如果他晚生二十年，他不會對台灣有這麼大的影響，卻有可能在一個更大更深更廣的環境裏，發揮等量齊觀一樣的作用。那麼，他對世界的影響，必定不可思議。

連雲

千山失路
（我在哪一座關山中踱步）
萬水迷途
（我是哪一粟蒼海裡的顛臥）

——高上秦〈散髮歌〉

中國歷代經典寶庫 一九八一

秋天，高信疆主持時報出版公司
《中國歷代經典寶庫》出版轟動業界。

下圖／
十一月十九日《中國歷代經典寶庫》舉行出版酒會，
梁實秋（中）致賀詞。左一《中國時報》董事長余紀忠
右一高信疆，前坐者梁夫人韓菁清。

左頁／
《中國歷代經典寶庫》獲得一九八一年金鼎獎「優良圖書編輯獎」。
《中國時報》系該年獲金鼎獎者與新聞局長宋楚瑜合影。
左起：王梅君（代其父王作榮） 覃雲生 楊乃藩 宋楚瑜 沈明杰
柯元馨 高信疆 李利國。

人間雅集　歡送赴美

右圖／
一九八三年三月二十八日
《中國時報》舉行「人間雅集」
歡送高信疆赴美。
詩人向陽正在朗誦詩〈鷹揚〉。

左圖／
梁實秋致詞
左立者為《中國時報》發行人儲京之。

上圖／
高信疆文化大學新聞系的老師彭歌致詞。
左頁／
來賓即興書寫的贈言。
詩人林彧　張香華等人專注欣賞。

勸君更盡一杯酒
西出陽關無故人

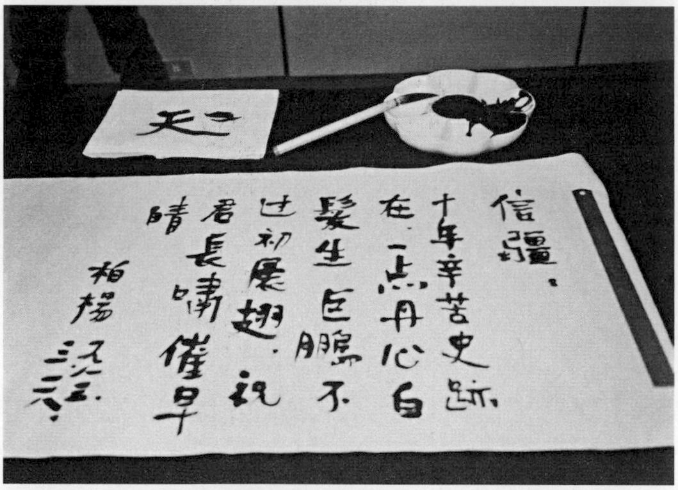
信疆
十年辛苦史跡
在一点丹心白
髮生巨鵬不
过初展翅祝
君長嘯催早
晴
柏楊

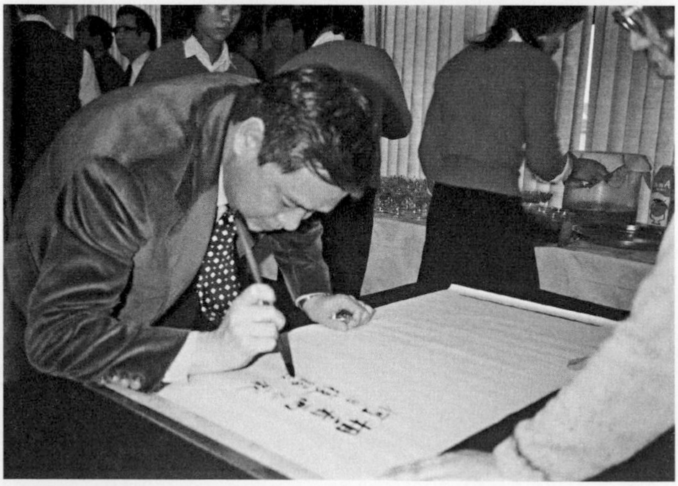

上圖／
柏楊專注書寫贈言。
中圖／
柏楊的贈言情深意遠。
下圖／
《聯合報》副刊主編瘂弦寫的贈言是「相看兩不厭，何日復歸來」。

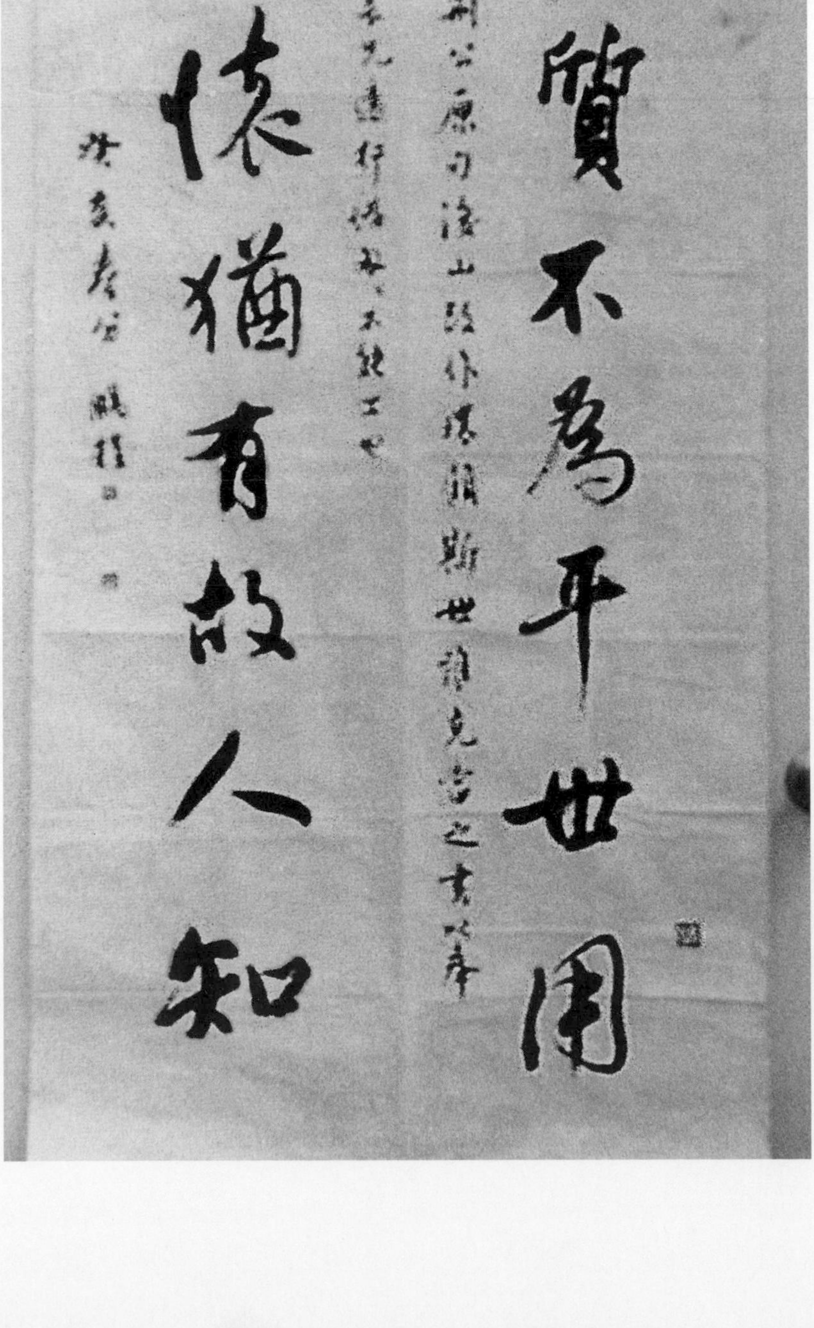

儒學大師錢穆寫的贈言，意在言外。

右頁／
現任中研院史語所所長
王汎森所寫的草書「紙上風雲第一人」。
左頁上／
高大鵬贈言。
左頁下／
顏崑陽贈言。

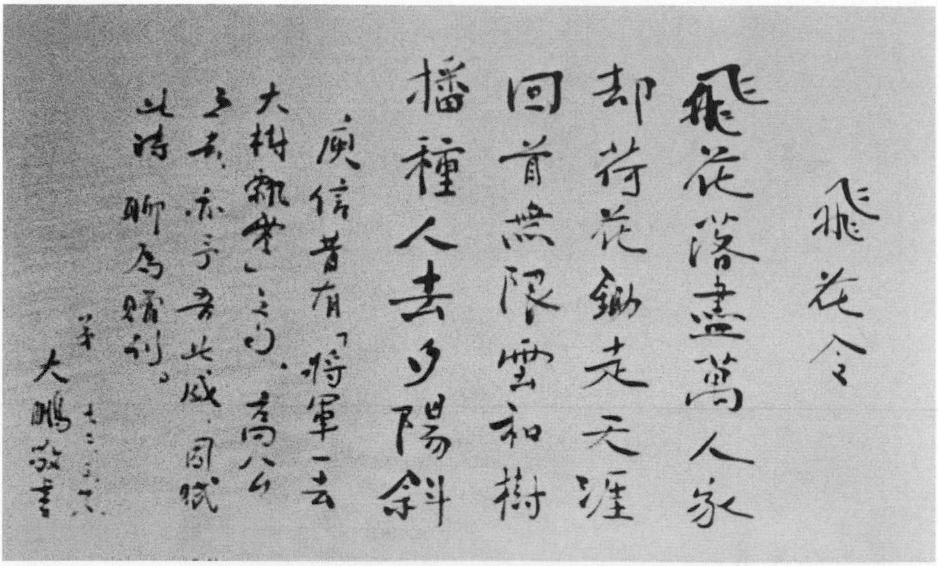
飛花令
飛花落盡萬人家
却荷花鋤走天涯
回首無限雲和樹
播種人去夕陽斜
庾信昔有「將軍一去
大樹飄零」之句，高公
之去，亦予吾此感，因賦
此詩聊為贈別。
大鵬敬書

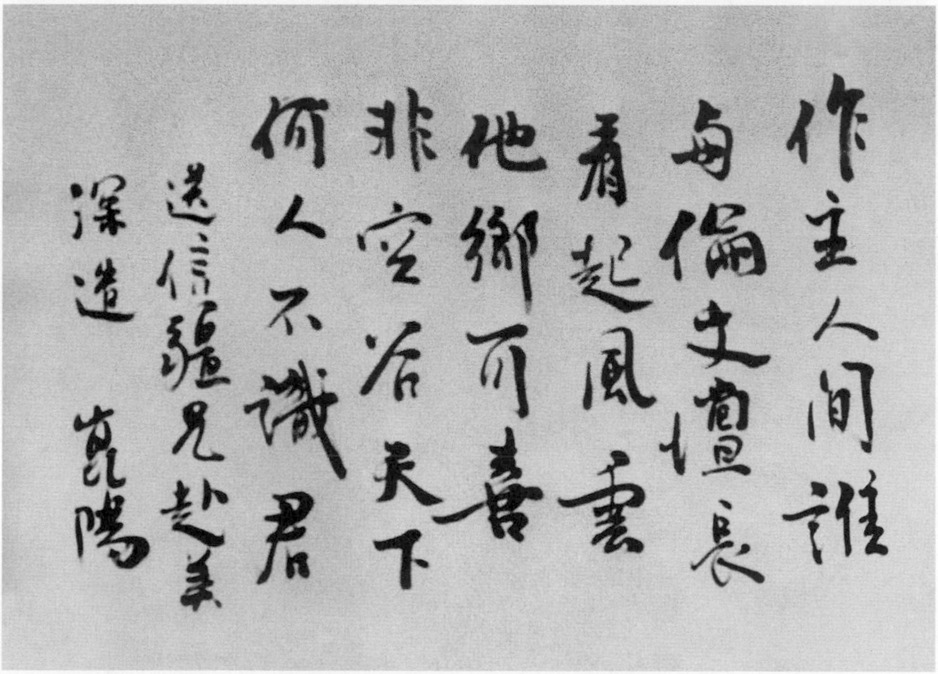
作主人間誰
每偏文壇長
看起風雲
他鄉可喜
非空谷天下
何人不識君
送信疆兄赴美
深造 乾陽

上圖／林崇漢高歌。
中圖／王汎森在寫贈言。
下圖／管管說書。
左頁上／牛哥漫畫送別。
左頁下／王夢鷗贈言：「欲窮千里目，遠度萬重雲，珍重臨歧意，寸紙持贈君。」

他年相見
後會有期
信疆兄留念
牛哥 繪

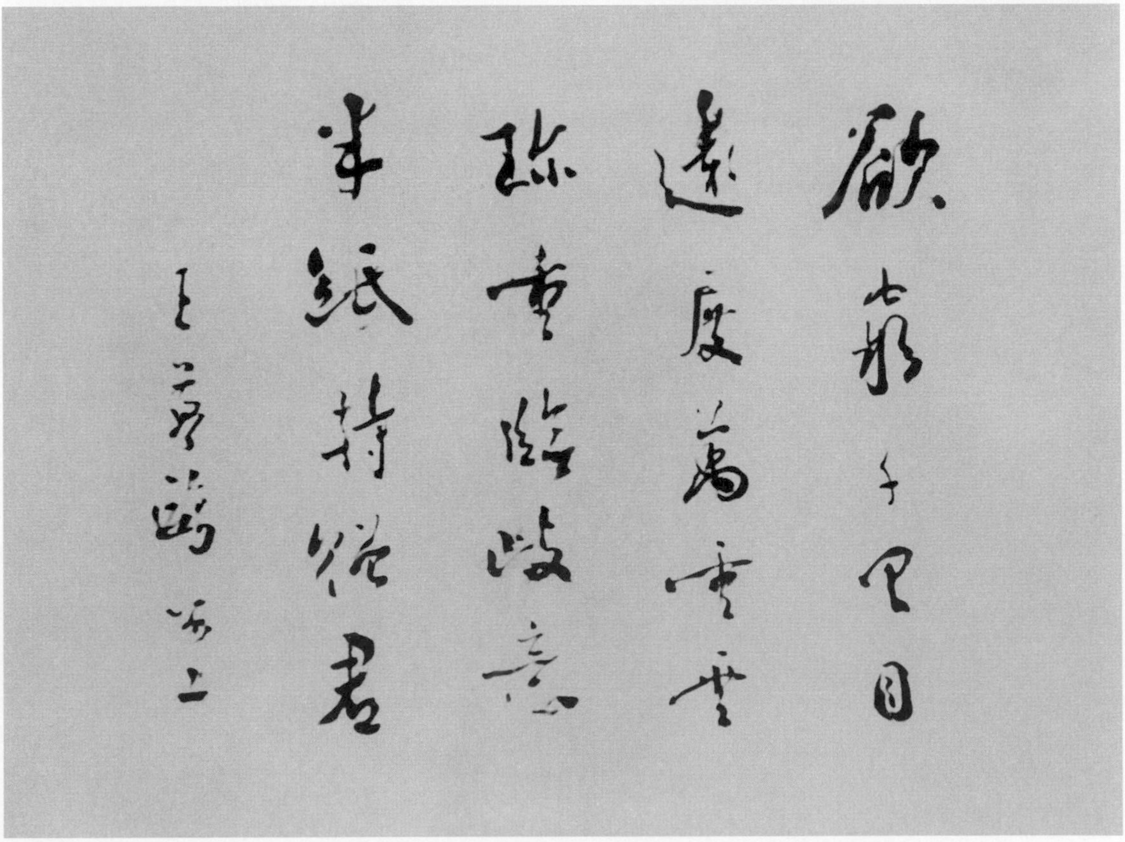

「春風」頌

上圖／
左起：高信疆　無名氏　瘂弦

下圖／
左起：季季　吳念真　陳雨航

左圖／
高信疆夫婦與
「人間」副刊同仁
合唱〈春風〉。
左起：駱紳　王汎森　趙儀桂
季季　柯元馨　何華仁　高信疆
蘇小歡　金恆煒　張文翊

找到了洪通與朱銘

漢寶德

信疆居然離我們而去了，實在很難令人相信。在我的心目中，他其實一直是一個有些莽撞的年輕人，是一個滿頭腦有新鮮想法的，敢於挑戰現況的年輕人。很幸運的，他居然執掌了一個大報的副刊編務。想想看，當他約我為「人間」寫專欄時，我的寫作經驗完全限於專業刊物的評論。我幾乎是在他的鼓勵下才敢提筆對於讀者發言，而一寫就是幾十年。他至少比我年輕十歲吧！余紀忠先生何其有眼光，居然敢用這樣一個小伙子。

在三十幾年前，台灣的文化氣氛是很沉寂的。信疆那股衝勁竟把一潭死水，藉「人間」副刊的園地，攪得熱鬧、活潑起來，使當時的國民黨文宣部門不知如何評斷，也不知如何應付。信疆用的辦法就是引進文藝界外的人，使他們寫出自己的想法。因此「人間」響起的是生疏而新鮮的聲音，既沒有反共八股，也不是鄉土文學。副刊的天地因此而擴大了，不再限於詩文，多了知性的成份，也包含了各種形式的藝術。信疆的熱誠在「人間」推動了一次近乎文藝復興式的精神革命。

在「門墻外話」專欄之外，我在「人間」發表過幾篇傳統建築與鄉土建築的介紹。老實說，這些文章連我自己都覺得太過生澀，信疆卻覺得應該向文化界介紹一些他們不熟悉的東西。這其實是反映了他自己的好奇心。我自己不太滿意的文章，他倒能說出個名堂來，這樣的主編就不只是來稿的老「編」，簡直是文章的推手。這就是在台灣風行一時的計劃式編輯。

記得他約我到何政廣的辦公室去看一個畫展，他 是一個很特別的畫展。到了展場，他才說這是一位南鯤鯓鄉下老先生洪通所畫，他並未受過美術教育，但畫風特殊，被美術雜誌發掘，曾介紹過，只是未引起大家注意。在心理上，信疆視我為長輩，並沒有告訴我他的意圖。等我看過後，他問我的意見，我告訴他，這是西人所說的素人畫家的作品，不是鄉土藝術，與我曾見過的西方資料來比較，洪通的畫要精彩得多。聽了我的說明，他告訴我，他打算利用副刊連續幾天，深度的向社會大眾介紹洪通的畫，希望我寫第一篇。

我知道，他要大舉介紹洪通，並非主打鄉土藝術，而是讓台灣的民眾看到完全不同的藝術世界。洪通是富於創造力的素人畫家，他把自己關在家裏不停的畫，產量很多。他的畫既不是西畫，也不是國畫，倒像用彩筆做成的湘繡，是用濃密的彩色線條所組成的形象。他把他有限的生存環境中所見，用彩膠的方式，透過想像表現出來，使人不禁驚異其成果的豐碩。

在台灣當時的畫壇上，水墨畫是正宗，可是與留在大陸的齊白石與傅抱石比起來顯得軟弱無力，似乎只能供富有者裝飾客廳，缺乏時代感與地方性，無法使我們感到興奮。西畫則以叛逆而得到年輕一代回響的抽象畫爲主流。可是他們一方面受到政府的無形壓抑，另方面則因抽象藝術是西方社會，特別是美國的產物，在台灣得不到文化界的積極反應，只能在畫會的組織中相濡以沫，力求突破現狀。對台灣的大眾生活幾乎毫無作用。信疆看到了當時畫壇的狀況，對洪通的出現，認爲係一個機會，爲台灣藝壇開一點天光。

我認眞的寫了一篇「化外的靈手」，忠實的寫出了我所知所感，在「人間」堂而皇之的刊出。信疆早已把副刊的版面編輯視爲表現手段，一改中央副刊千篇一律的外觀，使他所主導的文章連續的以更震撼的視覺效果呈現出來。洪通的畫一時之間成爲文化界的話題。雖然主流藝術界並沒有積極的反應，卻使他們不得不對自己的作品加以省思，設法與時、空相應合。洪通是產生在南台灣的，道道地地的台灣畫家。

通過「人間」介紹洪通得到的正面反應，增加了信疆主導文化界活動的信心。過了一陣他打電話給我，說他發現了一個與洪通類似的民間雕刻家，已經約了幾個朋友去看他的作品。雕塑的藝術在台灣原本就是沉寂的，聽說有一位素人雕刻家，我的興致就被鼓動起來了。

到了朱銘的工作室，發現完全不是那麼回事。

洪通是眞正的「素人」。他基本上是一部繪畫的機器，本能的吸收外在的印象，直覺的畫出想像中的世界，對於訪問他的我們並沒有理性討論的空間。朱銘就不同了，他沒有進過美術專業學校，卻是楊英風的弟子。言談之間是可以溝通意見的。我看到另一種可能性。

朱銘是民間匠師，以雕神像爲業，原是標準的民間藝師。雕神像是按照傳統手法雕成的，沒有多少創造的觀念，是象徵的形式。可是自民間信仰中生長出來的藝術，是有地方文化基礎的藝術。比起學院派藝術家自文化中尋根要地道的多了。楊英風先生是我們敬重的朋友，他的藝術成就已有定論，他的作品重視文化傳承，是自現代造型藝術中融有傳統的形式意涵。可是總予人以缺少文化根源的感覺。朱銘也許是自地方文化的根中

漢寶德四十歲生日，高信疆夫婦帶士軒至其富錦街家中慶賀。

長成的藝術家。我把這個意思告訴信疆，他十分高興，就確定了介紹朱銘的計劃，鼓勵他突破現有的成就，尋求更廣闊的天地。

我觀察到，傳統神像的雕製過程中，有一步驟是與時代精神相吻合的，就是粗模。台灣的神像以木刻爲主，用大塊樟木雕像，先要用鋸與刀，切出大體的形狀，等神像的各部份具備，再用細工雕出衣著與面貌。我發現在此過程中最動人的一刻正是完成粗模的時刻，斧斤之痕與原木的風味相配合，表達出神像的精神，我稱之爲「斧鑿的神韻」。這是非常值得開發的一條路。

對於洪通，他忽然得到媒體的支持，享有盛名，卻使他更加退縮了。他回到南鯤鯓的小木屋裏，把自己封閉起來，不停的作畫，對訪客的呼喚都不回應。但對朱銘卻起了非常正面的效果。朱銘知道，在信疆組織下的支持是對他的肯定，肯定他的努力方向，對他的前途懷有無限的期待。他更加努力了。

朱銘開始抬頭看世界，越過了楊英風的技法，到世界名家的作品前觀察。不久後，他用保麗龍代替樟木，用電鋸代替斧頭，開闢出「太極」系列的作品而揚名天下。一種能反映時代精神的中國雕刻於焉誕生。

古來才大難為用

白先勇

上世紀有很長一段時間，大約從六〇年代至九〇年代之四十年間，台灣的文藝思潮文化導向竟是由幾家大報的副刊引領的。《中國時報》的「人間」副刊便是當時的文化重鎮之一。七〇年代中，「人間」副刊開闢「海外專欄」，由高信疆主編，《中國時報》董事長余紀忠先生曾數度邀我到報社，要我對「海外專欄」提一些意見，由此與高信疆結識。那時信疆正是年少英發，有理想、有抱負，推動文藝，有極大熱忱，他本人寫詩，筆名高上秦，因此他亦有詩人的敏感。「海外專欄」高信疆編得有聲有色，不久，「人間」副刊由他主掌了。

那時節台灣還處於戒嚴時代，報刊媒體受管制，政治社會版面大同小異，唯有副刊可以獨樹一格，標示一份報紙自己的個性風貌。一時「人間」副刊、「聯合副刊」、「中央副刊」、「中華副刊」，各家爭鳴、各展所長，造成了台灣報業的「副刊時代」。

自從高信疆入主「人間」以後，原本各報副刊競爭激烈的局面，更爲之一變。《中國時報》本來就比較自由開放，信疆有雄才，「人間」副刊正是他一展身手之地。信疆的作風新銳，創意多，而且喜歡打擦邊球，有時會撞到紅線，觸及執政黨的禁忌。幸虧余紀忠先生重視副刊，很賞識這位年輕主編的才華，替他擋掉不少風險，但對當時正在求新望變，企望思想解放的文藝界、知識界來說，高信疆的「冒進」風格，很有吸引力，尤其對年輕一代的讀者，影響深遠。那時我每次回到台北，都有機會與信疆促膝長談、深夜對飲。他在主編「人間」副刊那幾年應該是他事業上最有成就，意氣風發的時期。言談間，我也感覺到信疆對於他一手把「人間」副刊拔高起來，獲得文藝界舉足輕重的地位，多少感到幾分自豪的。

當時能與中時「人間」副刊分庭抗衡的是《聯合報》副刊，主編詩人瘂弦，沉穩細緻，圓融周延，手下也帶領了一群幹練的子弟兵。「人間」與「聯副」，兩家副刊之間的競賽，時常到了分秒必爭的地步。一九八二年，我的舞台劇《遊園驚夢》在台北上演，中時與聯合兩大報破

一九八二年四月十四日，黃凡（左）拜訪白先勇（中）右為季季。

天荒同時贊助支持。於是兩家副刊便也卯起勁展開了一場擂台，你一招，我一招，幾乎每天兩邊都有推介「遊」劇的文章刊出，熱鬧非凡。《遊園驚夢》上演的過程其實十分崎嶇的，開始的時候得到《中國時報》不少援助，而信疆則在其間默默替「遊」劇奔走斡旋，出了很大的力。「人間」副刊與「聯副」的相互激盪，其實給台灣文壇注入了一股巨大動力，替台灣文學開創出一番嶄新氣象。

高信疆愛才，在他主編「人間」副刊任內的確發掘了不少年輕一代的作家，有幾位作者，日後都卓越成家。當時《中國時報》的小說獎是文學界的一項重要指標，信疆邀我做過幾次評審。我參加第二屆小說獎，首獎是黃凡的《賴索》，那是一篇政治諷刺小說，筆鋒犀利，形式新穎，信疆頗為讚賞，還特地把黃凡帶到我家來。信疆自己有才，所以他也惜才。

八〇年代中，高信疆竟然離開了「人間」副刊。外界的壓力逼使信疆不得不放棄他曾花多少心血灌溉過的文藝園地。我們都為信疆叫屈，也替台灣文壇惋惜失去這樣一位幹才。信疆在美國巡遊一陣後也曾到香港打算另闢天地，可是香港的媒體生態與台灣報業迥異，文化氣息不濃，與信疆的個性方枘圓鑿，施展不開。香港的文藝圈太窄，容不下高信疆這棵大樹。後來信疆到北京去，我想他原本抱著希望，把他在台灣文化界開疆拓土的一身本事帶到北京去，替中國文化做一番事業。以北京文化底蘊之深，在正常的情況下，信疆很可能闖出一片天。但時機未到，當前的北京政府對媒體控制仍如五花大綁，以信疆濃厚自由主義的傾向，他是不甘受拘的。

二〇〇四年十一月，我製作的崑曲青春版《牡丹亭》在北京二十一世紀戲院上演，那是這齣戲首次在北京登台，媒體宣傳很大，三天晚上的戲都滿座。我知道信疆在北京，便請他去看戲。那天晚上戲院裡人氣很旺，青年觀眾特別多；北京各大學的學生紛紛到場，台下反應十分熱烈。信疆坐在戲院裡看得很激動，我看見他在默默掉淚。那晚他的感觸一定很深。青春版《牡丹亭》是兩岸文化戲曲精英共同打造的一項藝術工程。台灣這邊創作組的人士都是信疆熟悉的。台灣人創造出來的藝術品而能引起大陸年輕人如此熱烈的反響，這是信疆所樂見的。那天晚上看完戲，信疆意猶未盡，約我及許博允等人到北京一家風格極前衛的酒吧去喝酒，他非常興奮，跟我們侃侃而談直到凌晨，剎那間，我們似乎又回到八〇年代在台北歡聚暢飲的時分了。在北京寒風惻惻的夜裡，獨自目送信疆踽踽離去，心中竟不禁一陣惘然；如此人才，眞是可惜！那是我最後一次見到信疆。

腦海裡總是充滿新思路

許博允

一九七九年元月底，我答應「人間」寫一篇有關「西藏音樂」的文章，時機正是新象創始「國際藝術節」正緊鑼密鼓作最後階段的節目整合中，繁忙的事務而延擱受託之事，二月八日下午信疆來電約我晚上到報社會面，說十日時報的「人間副刊」整版都是有關「西藏」的歷史、宗教、藝術與政治，音樂即是重點之一，且凌晨就得排版印刷、打樣，換言之我當晚就必須交件，我乾脆留在編輯部寫稿，專業文章必須愼重，不知不覺過了午夜，信疆應酬去了，留下了一個年輕編輯陪我，但他不時打電話回來關心我完稿乎？我心想以當時報紙版面珍貴，只有三大張十二版的情況下，「西藏音樂」是很冷門，誰看？不料，我的文章卻佔了三分之一的版面，第二天「西藏專題」的版面氣勢很大，引起後續其他媒體報導西藏新聞連綿，顯見信疆的執著與敏感度。

之後，一九八一年初「國際藝術節」，首先上場的「中國傳統之夜」，其中最引人注目的兩項演出，爲人們津津樂道的經典台灣民謠代表人「陳達」的「思想起」，第一次在國父紀念館的演唱，也是他人生最後一次舞台公演，及「蘭嶼雅美勇士」的「精神群舞」的舞台震撼，「人間」的專文助威功不可沒。

許多人都很懷念七〇年代到八〇年代初期「台北美國新聞處」，介紹美國現代藝術及推動台灣本土藝術雙管齊下的時光，其間「朱銘」的雕刻、吳靜吉的蘭陵實驗劇場、「洪通」的畫、柯錫杰、郭英聲的攝影、「雲門」的現代舞蔚成風氣…等，其實這些活動透過了時報「人間」副刊的報導引介及評論，獲得了更大的社會反響，謂爲台灣新文藝復興的景象。

也許有人以爲信疆僅對本土文學、本土藝術比較著重，其實不然，我也曾經在「人間」著文，介紹日本「喜多郎」的音樂、「印度鼓舞藝術」及「印度的古典幻影舞蹈」，信疆的「人間」幾乎是全方位，如果說，硬是挑個剔！那麼「西洋古典音樂」可能是絕緣體吧！幾十年來，總想一探究竟，每次見面，話匣子一開，天南地北，話說從前，禪機未來，就這樣一次一次過去，想問的事總是拋諸腦後，至今這個答案貞成爲永久的「謎」。

一九八三年，信疆突然遠赴美國深造，回來後我請他到

「新象藝術中心」演講，談的是「音樂」，而且是西洋古典音樂的經典——「蕭斯塔科維奇的其人其樂」，讓人跌破眼鏡！我聽了一輩子的音樂，卻不及信疆一年多在威斯康辛州立大學參「樂」如此透徹，十五首交響曲，信手拈來，不管是創作動機，時代背景，蕭氏如何穿越政治鬥爭的心境，樂曲透示的美學意念，說來頭頭是道，我的莫逆之交音樂大師——羅斯托波維奇，正好是唯一與蕭斯塔科維奇，亦師亦友之交，他生前常提起蕭氏的點點滴滴，與信疆所分析的頗為吻合。信疆告訴我，威斯康辛州立大學所在地人口只有十幾萬人，大多數人都與學校有關，眞可謂是大學城，生活中除此之外別無其他活動，因此信疆幾乎每天都與音樂在一起生活。

廿一世紀到來，地點轉移到北京，首次見面，信疆約我在北京保利劇場，身邊帶了一位青年才俊，我不記得那位青年的名字，印象裡的他反正身邊總跟隨著青年才俊。信疆自從辭去香港《明報》總裁之職，應聘至北京挑起周報的新風格的重擔，我多次打聽北京人的看法，每人都翹起大姆指：「北京人終於有了新方向，新觀念，新主意！就是這個意思！正點啊！」

那些在北京的日子，最初幾年我們在一起碰面砍大山，都伴隨著「二鍋頭」加檸檬，越喝越來勁，他說，來北京住有幾大好處：一可遠離「政治」哈！二來遠離「名嘴」哈哈！三則遠離「選舉」哈哈哈！還有一大收獲「可專心搞文化藝術！」——嘻！青年高信疆又出現了！後來我們兩人身體都出現了狀況！我心臟開心了，他好像腸胃出了毛病，我改喝葡萄酒，他改喝果汁與茶，周刊也停了，但他說蕭斯塔科維奇之外，他也常聆賞馬勒的音樂。

他常聚會的地方，總是圍繞著搞音樂的——不管是古典、搖滾、現代或前衛！搞美術的——不管是抽象、水墨、油畫或雕塑，搞文學的——不管是中文或洋文，搞建築的——不管是狂熱古蹟或未來建築，搞舞蹈的——不管是男的女的、老的少的，是民謠、芭蕾或現代……總是圍繞著他——永遠的高信疆，一邊吃著台灣牛肉麵，腦海裏總是裝滿新思路，想走出一條新絲路，從人間到天堂！

彗星飛逝

何懷碩

五月五日晚上十一時多，元馨來電話，我正想可能她來約我明天去她家再與信疆聊聊天，解解悶。她卻說：今晚九點二十四分信疆到天國去了。我一時愕然，衝口而出：怎麼可以呢？因爲我正想這兩天去看望他。我上次去，他家兩公子在家，大家談得很開心，我心想現代醫術實在了不起，信疆再熬一陣子，可能慢慢康復。臨走的時候，拖鞋換皮鞋，在門邊我說這拖鞋很舒適，他們異口同聲說：我們不喜歡，送給你吧。我便帶回來了。這樣子，信疆怎麼突然就走了？我心裡難過極了，元馨似乎還帶著笑語安慰我。六號上午閱報，尚無這則新聞；晚上九時多，我心中自語：信疆走了二十四小時了……。我去穿上那雙拖鞋，心中慘然。

三四十年交情，老友又弱一人。你會驚覺生命之樹已入深秋，但見落木蕭蕭，逝波滾滾，心頭常掠過一縷虛涼。

台灣在七〇、八〇年代，由威權社會漸向全面民主過渡。時勢與英雄，相激相盪，一時多少豪傑，在此滄桑之島，出現了中國大陸至今遲遲尚未能揭開序幕的一個思想與言論掙脫桎梏，自由激盪的時期。在台灣重現近代從王韜、汪康年、梁啓超、陳獨秀、張季鸞等知識之「士」以言論報國，振興報業的光榮傳統。極富使命感的高信疆，大學畢業不久，便爲愛才的報人余紀忠先生所賞識與重用。二十年間，他把《中國時報》「人間」副刊拓展成一個宣揚開放思想、關注現實社會、重振人文價值、鼓勵文藝創作、提倡言論自由的大舞台。在那個延續著傳統與威權的時代，信疆麾下的「副刊」，時常比報紙沉悶的「正刊」更爲重要，甚至一度接受特別訂戶只訂「人間」副刊。信疆的副刊創造性地彌補了黨禁、報禁時代新聞、言論的困境與缺憾，也突破了時代的侷限。中國的報紙之有副刊，由來已久，但副刊而能提升地位若此，信疆功不可忘。這也是中國報業在台灣的發展與創舉，青史必記一筆。

信疆之前，台北以中央日報的「中副」最盛，常爲寫作者發表文章第一志願。信疆使時報副刊令人刮目相看，不久「聯副」也急起直追，兩報因競爭而大進。隨著「黨報」漸走下坡，「中副」與「華副」已然招架乏力，「人間」與「聯副」遂成一時瑜亮。當時中副的孫如陵老前輩，華副的蔡文甫，「聯副」的瘂弦（王慶麟），「人間」副刊的高信疆，形成了一個副刊極盛的局面。思想之活躍，文學創作之豐美，觀念探討之熱烈，都各有巨大貢獻。有人說副刊之氣勢，與主編之「姓氏」有關。「副刊高」與「副刊王」顯然較「副刊孫」與「副刊蔡」佔了便宜。此爲笑談，但也可見官營難敵民營之趨勢。副刊之盛，以思想與文采爲號召，大不同於今日報刊以「圖片殺很大」爲誘餌，也絕無副刊幾乎找不到的窘境。

傳統的副刊守株待兔，期待好文章投稿來。信疆自然亦以辦好副刊去吸引佳作。但信疆更發明「計劃編輯」。表面上變「自由」爲「計劃」，似乎「專制」，其實是化「被動」爲「主動」，才更能與時代、社會之變遷互動，甚至負起啓動、引領的使命。

信疆常與各種人才請教、討論，激發出各個「主題」，然後主動邀約不同專才與學者寫稿。有些人手是他發掘來的；有些好文章則是登門求來的。朋友都讚美信疆做主編氣度寬宏，待人誠懇，禮賢下士，能海納百川。而文人與文藝家多堅持自己的信念，重個性，尚獨立，有時不免狂狷。而做主編，就要有孟嘗君那種性情，兼容並包，使近悅遠來，方能同心共事，而這正是他的魅力所在。信疆於海內外人才的「磁吸」力量之大，無與倫比。魅力者，人格特質所使然也。梁啓超論報紙，曰：能納一切，能吐一切，能生一切，能滅一切。西諺云，報紙者，國家之耳目也，喉舌也，人群之鏡也，文壇之王也，將來之燈也，現在之糧也。又曾曰：現代之史記也。信疆一生對新聞事業的貢獻，是繼承了清末民初中國知識份子熱心以辦報來報國，以言論來促進社會與文化的提升這個光輝的傳統。不過，從前文人辦報，多以自己一枝筆爲武器，信疆則在他所處的時空條件之下，做了許多創造性的發展：匯集眾人之筆，兼容並包，共襄盛舉。其實信疆口才文筆俱佳，他沒有多留筆墨，相當可惜。

信疆是彗星型人手。他一生發光時間不算長，但光彩奪目。當他曳著閃亮的光芒，劃過夜空，倏時間已遠去無蹤，就如彗星難得一見。

信疆與我因文學而相識。他原先要做詩人、作家、評論家。後來余紀忠先生要他主編副刊，我雖然向他道喜，但勸告他凡事有利有弊，他若入主副刊，作家之夢可能難圓。因爲工作必然繁忙，無暇執筆；每天審閱好稿，自己便不想寫了。其實我沒說錯。不過，信疆犖犖大才，不做樂手，而做指揮，適才適性，成就斐然，他的自我抉擇或更正確。又後來，當他的「人間」副刊，如日中天，老闆更委以重任。當時信疆自己有出版社，余先生提供優厚的交換條件：車子與房子，要他結束出版社，與妻子柯元馨一同主持「時報出版公司」。我又勸他應保留自己的「自留地」，為未來自己的事業謀；應該向余先生申述此願。不過信疆有感於余先生知遇之恩，覺得應全力以赴。最後又有一次我不贊成他籌辦「象棋大展」。因為我怕它對信疆的精力與財力過度耗損。我覺得朋友應盡忠誠告誡之義。那時信疆已離開報館，去美國進修之後再回台灣。當時他再沒有老闆了，自己要大展鴻圖。他說在美國他已深思熟慮，帶回一百件「秘密武器」。辦雜誌與出版，當然也是其中一項，但他要先推出重新創造的「象棋大展」。信疆得到許多海內外朋友的贊助。他請藝術界的朋友每人設計一種立體造型的象棋，不論用金屬、木頭、陶瓷或其他材質均可，只求一新耳目，他都願找人開模製造。他認為有藝術性的立體象棋，不止可以玩，也可以當「古董」來擺飾觀賞。我說我很願為閣下設計一套，但等你的大展成功，我再設計不遲。因為許多設計天馬行空，製造的成本甚為昂貴，我恐怕銷售不易，折損財力，所以且為他省下一筆。不過為表支持，答應他寫了一篇文章略述象棋之源與中國文化。其實我知道以象棋為消遣的時代、社會條件已漸漸不存；電動玩具、電視及其他各種休閒娛樂品不斷問世，象棋的功用大不如昔。此外，為了這個「象棋大展」而過多消費長期積累的「社會關係」與「人情」，我認為不大「划算」。但信疆在興頭上，許多朋友也很熱情，大展轟轟烈烈舉辦了，結果賠了，熱潮也很快退了。

信疆確有浪漫與天真的一面。

有一次，我們一夥朋友去遊俄羅斯，在聖彼得堡的涅瓦河乘夜間遊船高歌。又有一次同遊印度與尼泊爾，信疆與我僱馬車奔馳孟買夜街，與語言不通的馬車夫比手劃腳的趣事。還有戒嚴時期，常常深夜晤談，然後到林森北路去吃清粥小菜宵夜，順便買常常遭查禁的各式黨外雜誌。許多往事像粗粒子的無聲黑白片在腦中映現，似乎是「古昔」，又似昨日。人生苦短，而壯懷不已，此千古之憾也。信疆單純而短促的一生，大概可分三段：頭段是成長，中段是發光，末段是悒鬱。而且很湊巧，三段都各為二十餘年。

信疆渾身是勁，他需要大舞台。但世紀末以來時代的詭變與社會意識型態的偏狹沒讓他盡才。所以他有三分之一後段人生的悒鬱與痛苦。猶記「五四」六十周年時，我們還年輕的時候，信疆囑我寫了一篇長文紀念「五四」

一甲子。我們雖只是「後後五四人」，但古典知識人的的當代，民粹與媚俗已成慣用的手段。信疆人生末段之使命與責任感還自以爲是的肩負著。無奈在全面商業化扼腕嘆息，淡然遠引與孤峭逃世，良有以也。

時代忘卻了「紙上風雲第一人」

李歐梵

四月底赴台灣講學，本擬於周末去探望老友高信疆，卻不料突聞他逝世的消息，當《中國時報》記者打電話訪問時，我一時情緒激動，竟然語無倫次，心中卻湧起一股莫名的怒氣，突然冒出一句話：「我們都有欠於他」。這個「我們」指的是什麼？當然包括他的朋友和港臺兩地的報章媒體。

眾所周知，台灣的副刊風氣，是高信疆一手開創的：他把當年（六七〇年代）的副刊純文藝傳統轉向文化，更把台灣文壇的視野擴大到全世界的華人文化，特別是我們這些「海外文人」，都被他「收編」到《中時》去了。（當然，我的另外一位老友——詩人瘂弦——接掌《聯合報》副刊，我厚此而不薄彼，和不少其他海外朋友一樣，也在「聯副」發表文章，至今依然。）記得當年他在時報副刊開闢「海外專欄」，第一個就找到我，以越洋電話和我長談了兩個鐘頭，談的都是他的雄圖大計，我受到他那種特有的文化情操所感動，立刻提筆，寫下第一篇此類文章：〈美國的中國城〉。

這個經驗，是他所有海外和台港的作家朋友所共有，信疆以長途電話和長途計程車代步，廣交文友，以龐大的電話和交通費用，創立了一個多元的「大中華」媒體文化世界。記得當時他有一個理想和信念：台灣不是一個孤島，它可以成爲「海外中華」的文化中心。而「中時副刊」更是所有海外華人——不論來自何方——的聚集點。這一個理想，在信疆的老闆余紀忠先生大力支持下，終於實現了一部分，但沒有完全成功，原因之一是當時所受的政治阻力極大，《中國時報》的全球性海外版計畫，經過信疆數年來的努力，最終也被迫停止，信疆網羅的大批人才，也就此風消雲散。我至今思之仍然覺得十分可惜。

信疆辭去《中時》職務後，由美國流浪到香港，受聘爲《明報》集團的總策劃，深受老闆張曉卿先生的賞識，但卻受到一些當地環境與人事的限制，也許信疆的「大氣」和香港報界的「小氣」格格不入，而他的「大中華」知識份子的心態，又豈是那些自立山頭、只想作好這份工的人所能容納？甚至連語言的障礙也成了阻力：信疆不說粵語，也不說英語，只說國語，據說有些會議大家只說廣東話，冷落了這個「總策劃人」。

這一段香港經驗，成了信疆的負面經驗，加以台灣陳水扁政權下的台獨風氣也使他受不住，他移居北京。二十一世紀初他再展雄風，參加《京萃周刊》的轉型，一時海內外各方豪傑又在他的感召下揭「竿」而起，當時曾有人說：「只有高信疆才能邀到這麼多海內外各地的才智之士寫稿」。然而，《京萃周刊》竟然也維持不到一年就收刊了，又失去一個拓展「大中華」多元文化——這一次以北京爲中心——的機會。

綜觀信疆的一生，前半段是英雄創造時代，令他成爲「紙上風雲第一人」，而後半段（八〇年代以後）呢？我和他的接觸，在前半段往往通過長途電話，後來在他失意之時卻反而常見面，至今印象彌新。最值得珍惜的是八〇年代末，他「流亡」到美國威斯康辛大學的所在地「陌地生」（Madison）時期，他經常在週末南下到芝加哥我的寓所，有時還帶了他的長子士軒同來，就住在我家，竟夜長談。

我們大談西洋古典音樂，記得有一次我還向他指點聆聽布魯克納交響曲的迷津——各個樂章的結構猶如搭建一座大教堂，他竟然頗爲折服，並且買了大批唱片來聽。據他自己說：他研究古典音樂的方法也和常人不同，譬如貝多芬的交響樂，他曾到陌地生的一家唱片行買盡所有的版本回家聆聽，他笑說那家唱片行的老闆也因此發了財。這種大手筆，我自己也作不到。

這種「大手筆」，只能用於大展宏圖之用，卻不適宜當前斤斤計較、唯利是圖的模式。信疆一向不理財，對朋友慷慨之至，甚至把自己收藏的價值連城的藝術品送人。他對藝術（特別是繪畫）的鑑賞力也是獨一無二的，曾計畫出版一本史無前例的藝術雜誌，但也因成本過高而未能實現。其實，他在「失意期」曾和我談過無數個創意計畫，但僅是討論而已，未能實現。《京萃周刊》的停刊，更令他心灰意懶。

三年前我到北京見他，他帶我去遊畫廊，到新開的咖啡店閒談，又介紹我認識他的一位好友周天瑋，後來天瑋想拉我們參加一個網上文化企業的龐大計畫，我欣然答應，信疆卻遲遲猶豫未決。事後思之，我想他已經放棄了任何東山再起的希望。也許信疆早有自知之明，當年他走在時代的前面，而現今卻和我們這輩文人一樣，早已被這個電子電腦掛帥的世界拋棄了。

我曾數度勸他寫自傳，或口述當年的歷史，都被他拒絕。他一生逍遙，甚至在作別人生旅途之時，也不想沾上一點歷史的雲彩，但他這一生畢竟見證了台灣報業最輝煌時代的歷史。我說我們有欠於他，是因爲除了他作爲一個肝膽相照的朋友對我們恩惠有加無以回報外，更是因爲他爲我們創造了一個輝煌的時代，而另一個時代卻忘記了他，也許歷史上所有的英雄人物的命運皆是如此，然而至少我這個倖存者是不會忘記的。

悼念摯友

高行健

驚悉信疆兄病故，頓時茫然，同信疆第一次見面還是一九八五年，我當時在西柏林應邀訪問，經友人介紹，約定在一家中餐館，他也是我見到的第一位來自台灣的文化人，儒雅敦厚，同經過革命的大陸文人迥然不同，讓我禁不住想起我父親那一輩已經消失了的時代。一種溫馨與親情便同他聯繫起來，二十五年了，直到去年我在台北同亞洲藝術中心的李敦朗先生去看他，想不到竟是最後一面。

我其實比他大四歲，上帝早該把我收回去，可信疆兄依然走在我前面了。他眞是如長兄一般幫助和關照我，我在台北美術館舉辦的第一個畫展便得力於他的推薦。他的俠義與熱心認識他的朋友人人皆知，而他的藝術品味與鑑賞力，只有得到過他的幫助的藝術家才深知。他是一位藝術與文學的將帥之才，呼風喚雨，不斷發掘人才，開風氣之先，這在台灣文化界已大名鼎鼎。而我的畫當時尙識者寥寥，也是他介紹到台灣的，其實，他離開報社和出版社已久，早已不謀其位，對文學和藝術的關注卻絲毫未減。

我的長篇小說《一個人的聖經》聯經出版社剛剛出版，還沒有任何反應，我突然接到他從台北深夜打來的電話，激動得不行，夜不能寐，說是沒讀過這樣令他震動的小說，信疆在電話中哭了，一位眞性情心心相通的朋友。

又一次在香港，我同他正巧住在同一家酒店，我接到一個電話，說有位客人在樓下大堂等我，出了電梯，立刻有人上前向我介紹某公司的董事長，而董事長先生熱情洋溢，一番恭維，我還沒弄明白，就上了他的車，車開了一程之後，當他說到報界奇人，我才明白這位新加坡來的董事長請的是和我的名字諧音的高信疆。之後，我爲他出任香港明報集團編務總裁由衷高興，我也聽到他那種日以繼夜的工作方式招來的抱怨，不同的環境，時代也不同了。隨後，他又去了大陸，我很後悔沒有勸阻他，以他太多的善意與熱忱，在這人欲橫流的現今社會，眞可惜了這一代英才。

願他在天國安息。

花是去年紅

黃凡

二〇〇三年寫完《躁鬱的國家》，上台北看高信疆；他知道我先去《聯合文學》見了張寶琴女士，說：二十年──沒想到就這麼過了。

回想一九八三年，信疆去美，文化界提議寫篇文章，聊表寸心。不過，要以三五百字表達信疆長久以來，在當局正常的關注下，對寫作者的珍惜，很是困難。

這回，我仍不知該寫些什麼。

藉金陵清涼院大法眼答南唐中主李璟的《妙明偈》送別信疆。

擁毳對芳叢，由來趣不同，
髮從今日白，花是去年紅。
艷冶隨朝露，馨香逐晚風。
何須待零落，然後始知空。

懷念一個輝煌的副刊時代

楊照

我第一次看到高信疆，在台北學院，他應救國團市團部邀請，對一群高中校刊編輯演講。完全忘記演講內容，但記得聽過演講後心底深深的失望。覺得在我面前的高信疆，沒有那麼傳奇，尤其是他的演講內容，沒有什麼讓人驚訝嘆服的地方。

報業競爭最關鍵的戰場

當然，那個時候才十七歲，卻在成長過程中忠實讀了多年中國時報人間副刊的我，不會曉得那份失望眞正的來源。第一個來源，少年心靈中我早已用超越現實的眼光看待高信疆，看待高信疆編人間副刊所成就的，所以就算出現在我面前的高信疆長了三個頭，我都還是會感到不夠特別吧！

更重要的還有第二個來源，那個時代的我，雖然自以爲輝煌地編完了一本校刊，但實質上對於編輯工作，尤其是高信疆在編輯這個角色上所成就的還是一知半解，缺乏眞正的體認。我沒有確切理解，高信疆的貢獻不在於他自己有多了不起的想法，寫出多了不起的文章，而在於他懂得如何找到最好的作者，逼他們求他們拐他們寫出最好的文章，然後放大這些文章在社會上的影響力。

如果沒有算錯，高信疆接編人間副刊時，只有三十歲，自此之前他已經獨當一面主持過「海外專欄」了。如果沒有算錯，指定高信疆編人間副刊時，余紀忠先生已經六十三歲了，而且他心底明白，副刊是當時報業競爭最關鍵的戰場。

放大文章的能見度

這是高信疆傳奇的起源與根源。六十三歲的老先生敢將這麼重要的工作交給三十歲的青年，而這個三十歲的青年最大的本事，竟然是對從台灣到北美，從七十五歲到二十五歲的作者，都瞭若指掌，都能聊天交陪，都能取得人家的信任，得到他要的稿子。

還不只這樣。年輕的高信疆有各種方式，放大拉來的這些稿子的能見度。一種方式是找出名目，將各別的稿子組合出集團的氣勢來。每家報社副刊都登短篇小說，那是台灣短篇小說創作的黃金年代，可是沒有人用高信疆搞「中國當代小說大展」那樣的方式、那樣的規模登短篇小說。量變造成質變，那麼多小說大張旗鼓密集出現，稿件就成了事件，引人每天期待看接下來是誰的小說，而且「大展」的名目進一步刺激每個寫小說的人都有壓力要在「大展」結束前交出新作品來。

刊別人不敢刊的作品

另外一種方式，是刊登別人不敢刊登的作品，而且非但不偷偷摸摸，還刻意敲鑼打鼓，靠吸引眾多眼光，來爲作品護航。李敖復出作品「獨白下的傳統」是這樣，陳若曦的「尹縣長」更是這樣。許多觸犯禁忌的作品就這樣轟動震撼台灣社會，因爲太轟動而使得管轄禁忌的單位無法阻止。

文章和其他活動配合

還有一種方法，是讓平面的副刊文章和其他活動配合。雲門舞集、朱銘雕刻、洪通畫展，主體都不是文章，然而高信疆太清楚文章的巨大功能——賦予意義，意義先行，許多人被文章裡彰示的意義感動、召喚，帶著驗證意義的心情，去看了這些展覽表演，回頭肯定了文章的論點，進而渴求更多的文章更多的意義。

對台灣社會滿懷好奇

貫串在所有這些作法背後，有余紀忠的勇氣與堅持，還有高信疆沒有明說，但必定強悍無比的信念。

高信疆比誰都深信台灣是個充滿創造活力的社會。他的年輕表現在擺脫了前代的悲觀猶疑，才能打破原有的框架，不斷往前衝。他先認定了台灣可以有更有趣的文章，台灣可以有更精采的小說，台灣可以有更豐富的藝術活動，然後出發到處尋找，沒有那樣的信念，不可能支撐工作的熱情的。

高信疆對台灣社會滿懷好奇。任何一點新鮮的現象，他都快速反應，快速吸納進他的副刊版圖裡。那個時代人間副刊大力提倡的報導文學，根本價值出發點是——我們並不了解台灣，台灣有太多值得被觀察被記錄的地方，台灣不是刻板印象想像中的那樣。實質上，那是一波「重新認識台灣」的巨大運動潮流。

大編輯理念

高信疆對編輯工作，有著最清楚也最堅強的信任。站在作者與讀者之間，甚至是站在社會與讀者之間，編輯有太多事可以做、應該做。在他手裡，改造浮現出一套全新的「大編輯理念」，也是在他手裡，訓練出一輩服膺「大編輯理念」，認真看待編輯力量的人物。

編輯找到方法與形式，擴大作者作品對讀者的感動。同樣的作品，讀者花同樣的閱讀時間，然而因爲有編輯的介入，製作對的版面或寫對的編案，喚起了讀者的特定感官模式，他們就能讀到本來讀不到的更強烈或更深刻的東西。

編輯還要爲這個社會應該被普遍注意的現象，找到作者，創造語彙，打入讀者的心中，和讀者的具體生活生命發生關係。編輯站在接觸社會、觀察社會的第一線，不能站在作者後面，等待作者寫出作品，而是爲社會打造意義。社會上新萌芽的變化、長久難以解決的問題、讓人迷惘無所適從的狀況，都是編輯優先應該被吸引的題材，在那裡有著讀者潛在的需求。

這是「大編輯」，這是一種帶著高度使命感與精英尊嚴的工作信念。「大編輯」當然不會小心翼翼揣測讀者想要讀什麼東西，而是殫精竭慮地設計規劃讀者應該要讀什麼。「大編輯」擁有的專業能力，是自信地回答：「這個社會需要什麼？」然後運用各種形式——文字、標題、版面、圖像等等，將社會所需要的訊息組構起來，強力地傳送出去。「大編輯」因而必定一方面注意社會的現實，不斷努力挖掘沒有被找到的資源，另一方面抱持著改造社會，讓社會變得更好的夢想。少了任何一項條件，就不會有「大編輯」。

一個時代的正式結束

高信疆離開「人間」副刊，但他建構的「大編輯」信念留了下來，甚至透過許多曾經與他共事，或跟他競爭的人，傳到各處，影響了報紙、雜誌、書籍出版。高信疆後來去了香港去了中國，幾番浮沉，沒有能再創高峰，那其實不是他的失敗，而是因爲那些社會並不具備讓「大編輯理念」可以發揮的環境，而沒有「大編輯」空間，也就不會有高信疆縱橫開闔的空間。

高信疆去世，在時間上，剛好跟編輯角色、編輯信念在台灣大翻轉一起發生，令人格外唏噓。「大編輯理念」走入歷史，今天當編輯的首要工作，變成了是去迎合去討好社會品味，閃躲大眾不習慣的議題。當編輯的，誰還抱持著以自己的工作來改變社會的野心呢？專業本事不是拿來挑戰既有觀念，不是拿來燭照被掩藏被忽略的新事物舊迷惘，而是拿來妝點大家早就知道反覆出現的東西。編輯工作變得再安全不過，編輯也就變得再小不過，也就離當年高信疆所做的再遠不過了。

高公這次離開，把他建立的「大編輯理念」一併從台灣帶走了，那個時代，正式結束了。

終身學習，認真瀟灑

李瑞華

信疆兄走了，走得太早，太令人惋惜不捨。

我是二〇〇四年才在北京認識信疆兄的，第一次見面就留下深刻印象。之後，因爲我經常到北京清華大學講課，每年都能見上好幾次面；每一次都請愛美食的他安排，試遍北京不同的、很別緻的餐廳；每一次都天南地北、古今中外、無所不談。他有淵博的知識、精準的記憶、激情的理想、與人分享的熱情、令人解莞的幽默、又有享受美酒佳肴、詩情畫意的浪漫。我和信疆兄的交往時日不久，而且是完全沒有利害關係、像淡如水的君子之交，但可說相見如故，每次見面都有酒逢知己的感覺，之後還有好酒留香的意境。

有一次飯後我們倆意猶未盡，又到三里屯的一家小酒館繼續聊。喝著小酒，正談得興高采烈，他不經意地看了看錶，突然臉色一沉，焦急地說：「糟糕！都快半夜十二點了，早就過了讀經時間。」他即刻掏出手機打電話回台北向嫂子解釋告假，我這才知道他每天晚上和嫂子跨越台灣海峽一起讀經的約定。多體貼的相伴、多浪漫的約會、多難得的堅持。

我們經常都會談到人才及管理與領導的話題，有好幾次，信疆兄提起希望系統地了解我對人才管理的思維，想到我的班上聽課。起初我都沒當眞，後來也就安排了。沒想到他就認眞地跟清華EMBA的幾十位學生，在經管學院舜德樓的講堂裡，聽了連續四整天的「戰略人才管理」。他每天早上課前十分鐘就到，上課時還不斷在講義上做筆記，比那些學生還認眞。中午我們一起吃便當時，他又提問題、又提建議；課間休息時，他都在跟其他同學交流討論。一直到傍晚五點半下課，他都還是精神奕奕，晚上他又安排了其他飯局。我對長我十歲的他能連續四整天聽課已經覺得很不容易，直到一年後某一次吃飯時，他很認眞地告訴我，這次聽課的意外收穫之一，是改變了他多年來因報社工作遲睡晚起的起居習慣，我這才知道那連續幾天早上八點半上課對他是多大的挑戰。這也讓我看見他終身學習、認眞執著的特質。信疆兄曾經在文化大學兼了幾年課，多次交流教學相長的深刻體會與授業解惑的幸福感，使我們更是心有戚戚焉。

我到北京都是一兩個星期的短期停留，上課時晚上我都要休息備課，信疆兄又是交友廣闊，飯局很多，每次見面都要大費周章喬出適合彼此的時間。有一次，我們又都喬不出一起吃飯的時間，就約好各自晚餐後在清華東門外的紫光飯店見面。信疆兄趕到時，我前一攤跟玉芹助教吃飯還未結束；玉芹是清華人資管理博四生，我們正在討論她畢業後人生規劃的選擇及疑惑。信疆兄並不認識她，但很自然地就加入討論，本來玉芹已經要走了，結果他一講就不只兩個鐘頭。他耐心地分析不同選項，無私地分享人生經驗，細心地了解困惑的關鍵，就像在輔導自己的孩子，讓素未謀面的玉芹感動不已。他愛才惜才，關懷後進的激情也讓我感受深刻，至今回憶起來，他對一個初次見面，沒有任何關係的年青學子那種全神貫注、充滿感情、諄諄善誘的樣子仍然清晰歷歷。

信疆兄治療腸癌期間，我和太太去看了他好幾次，令我驚訝的是儘管面對的是已經擴散的、令人驚恐的末期癌魔，他還是談笑風生，瀟灑面對。他幽默地把標靶治療比喻爲洲際導彈，把癌細胞當成恐怖分子、把化療副作用說成爲了剿匪，即使誤傷良民也是必要的沉痛代價，好像躺在病床上的不是他自己。化療期間他也不改愛美的本性，他本來很擔心化療會掉頭髮，結果前幾期化療後都沒掉髮，有好幾次他就像孩子般、眼睛閃著亮光、很開心地分享因毫髮無損的內心的喜悅。後來一夜之間頭髮全掉了，即使在家裡見面，他也堅持要戴著帽子。在最後的日子，他不跟大家見面，我想一方面是嚴謹把關的嫂子護夫心切；另一方面也跟重視尊嚴和形象的信疆兄不想朋友們看見他受病魔摧殘的形體有關。

我接到嫂子的電話時，雖說已有預感，可也一時之間悵然不已。信疆兄受洗後，我就有一種他離蒙主寵召已時日不多的預感，一直想著要再去看看他，結果還是留下了未能見上最後一面的遺憾。那天晚上我徹夜難眠，信疆兄的種種，就像自動播放的pps，在我的腦海裡不斷地重播著。

信疆兄走了，可我忘不了他的認眞、浪漫、激情，也忘不了他與病魔奮戰過程中的瀟灑。信疆兄，一路好走。

人文大師的行銷眼界

葉匡時

我在一九七八年左右，在好友汎森的引介下，認識了高先生。當時我還只是個大四學生，飽讀詩書、才高八斗的高先生對我而言，是個遙不可及的大英雄。但萬萬想不到，後來他成了我的好朋友，也是帶我進入人文藝術殿堂的啓蒙老師。

九一年我留學歸來，在大學任教。後來高先生的長公子士軒正準備要去美國攻讀MBA，高先生爲了與士軒對話，要我推薦管理書籍給他。高先生很快地就讀完我所推薦的二十多本管理書籍，並與我深入討論相關理論。

我猜想高先生可能是從那時起，對企業管理領域產生高度的興趣。沒多久之後，反而變成高先生常常介紹管理書籍給我閱讀。

我曾陸續出版了四本與管理相關的書籍，高先生幫我仔細看過每一本書籍的初稿，提供很多編輯方面的建議。有些朋友讀了我的書之後，好奇我的文學底子怎麼變好了？其實，最主要的原因是高先生慷慨無私的協助，才能大大提升那幾本書的品味。

記得他曾介紹我讀《無名英雄》這本書，有別於一般管理書，這本書主要是表彰旅館的門房、餐廳的服務員、百貨公司的售貨員等企業裡的「小人物」。由於這些「小人物」的傑出表現，讓顧客有賓至如歸的感覺，而成爲這些企業的忠實客戶，進而替企業創造了很多的價值。

一般管理專家或學者在研究企管時，都只關注企業領導階層。高先生畢竟是出身媒體，習慣從多個面向觀察事物，他在鑽研企管時，自然也會留意到基層員工的貢獻。他推介我研讀《無名英雄》，可能也是希望我在研究企業管理時，不要太過「菁英主義」吧？

二〇〇五年九月到二〇〇六年六月間，我先後在上海復旦大學與北京清華大學擔任訪問教授，與高先生常有聯絡，也參與高先生在大陸的一些企業顧問工作。高先生見多識廣，以他深厚的人文素養，加上信手拈來的行銷創意，往往讓許多大陸企業主爲之懾服。

有一家在海南島的食品公司，老闆只有初中畢業，文化水平很普通。高先生替這位老闆寫了很多給員工研讀的演講稿，同時把公司的文宣品重新塑造，此外，還找了一位大陸資深的媒體人加入顧問的陣容。這家原本瀕臨破產的公司，因爲高先生的加持而從「很土」的形象轉變成「貌似」國際級的企業，進而獲得政府的關注而得以持續經營。可惜的是，由於這家公司的營運體質並沒有進行根本的改善，最後還是不免於失敗的結局。我因而發現，高先生所擅長的顧問工作是在創造既有事業的人文價值，如果這個事業還處在體質不佳的狀態，很難藉著創造人文價值而成功；但當該事業已有一定的基礎，高先生的顧問則會是價值連城。我認爲高先生在《中國時報》、慈濟功德會的貢獻，都屬於這種「人文行銷」的價值體現。高先生在大陸的顧問經驗，雖然豐富，但並沒有眞正大成功的實例，主要原因就是那些大陸企業客戶，都還沒有找到穩健的經營模式。

「君子可欺之以方」，好幾次，企業主拿了高先生的點子後，對於該給的報酬卻含糊帶過。高先生雖然心裡嘀咕，但本性純厚，總開不了口去爭取應有的回報。高先生是曠世奇才，受不了台灣當時「去中國化」的趨勢而選擇避居北京，朝夕思念想要創造中華文化的新紀元。可惜卻免不了爲五斗米而煩心，多少也有些無奈。

不過，高先生畢竟是會過生活的人，我跟著他在北京上過無數有特色的餐廳與酒吧。也不知道高先生哪裡來的本領，他幾乎認識每家餐廳的老闆，對於那些餐廳的來龍去脈與拿手菜餚的特色，如數家珍。與高先生一邊吃飯，一邊聽他點評該家餐廳的裝潢設計和食材創意，可說是人生一大享受。下回再去北京時，再也無法重溫這樣的美好回憶了……。

在永恒裡與您親切的相遇

楊麗娟

我與信疆、元馨夫婦結識至今，已近二十載。時間，曾經改變了許多人事物存在的狀態與角度，但那些我們所共同珍視與懷抱的價值信念，卻也因爲歷經了歲月的打磨，而越發彰顯出其對於生命的獨特意義，並進而化成一份永不休止的美好動力。

一九九九年，一個新舊世紀交會的年代，安通公司創立。其後曾遇到一些考驗和試煉，雖然了解安通的理念在商業環境中會遇到較多的困難，但我對未來的發展仍深具信心。在與信疆、元馨夫婦的交通禱告中我們瞭解，「鑑往思來，追求意義」只要能力所及，但凡見証人生、擁有意義的事，就盡力去做吧。——這是安通公司成立的初衷，也是堅持與不可退轉的信念。

自二〇〇三年起信疆先生便擔任本公司——安通國際事業股份有限公司的榮譽董事，在他常居北京韜光養晦的人生後期，他對安通公司事業的協助，不僅止於心理層面的關心，他甚至字斟句酌的親手撰稿，指引我們發展方向；信疆先生在專業上將安通的理想轉化爲文字，傳達出經營概念，明確公司的形象，並和安通人一起發掘更多嶄新的溝通與創造的可能。

二〇〇三年四月，一篇傳眞揭示了本公司非營利活動「ATCC全國大專院校商業個案大賽」的活動方針，並期勉公司同仁在活動過程中保持「誠實中間人」的立場。二〇〇三年的十月，安通公司的影像紀實品牌「MyStory」推出，信疆先生用眞誠信實一路相伴，一張張從北京傳來的手稿，字裡行間盡是溫暖寬厚的力量，增刪修改的筆跡毫不遮掩，留下了一路熱情激昂與反覆辯證的思路過程，也展現對文字意義傳遞的精確，至今仍難忘當時的震撼與感動！

在此節錄信疆先生手稿中關於「ATCC與MyStory」的吉光片羽，紀念那些彼時與此時未曾改變的感動：

ATCC全國大專院校商業個案大賽

在這樣的對談裡，人們看到了實業經營的深邃與豐富。
讀到了青年學子的熱情和理性。
這樣的對談，超越了現實與利害的侷限，
點燃了認知和創意的可能。
是參與，是分享；

是認同，更是欣賞。
而這一切，
正是傳承的基礎，
正是溝通的起源，
是愛和尊重的具體表現。
安通的理念一向是，
溝通與分享，創造與傳承。
用對話和關懷，用服務和品質，
打造出
一座座溝通的橋樑、
一處處安適的風景、
一個個希望的藍天。
以回饋我們共同生活、相與呼吸的社會。

MyStory 故事紀實

生活中，有多少難忘的故事，
故事中，有多少動人的旋律；
每一曲旋律，都浸潤了人世的深恩和情意，
每一個故事，都是生命的見證與驚奇。

一年又一年，我們俯首耕耘，仰首謝恩；
一代又一代，我們回眸往事，放眼前程。
我們歌詠讚嘆，我們傳承茁壯。
世界因此而富麗，充滿了表情，
生命因此而豐盈，訴說不盡；
旋律因此而多采繽紛，故事也因此歷久彌新……

我們堅持人是價值的核心，眞誠是溝通的基礎。並且也是以這樣的心情與態度，對待身邊的每一個人。如同那字字珠璣的——

MyStory 映像宣言：「凡用心的，必展現動人的情境；凡愛過的，必留下美好的風景。」

能與信疆、元馨夫婦有這樣深厚的情誼，非常珍惜，非常感謝主，使我們一同蒙恩。信疆先生給我的鼓勵與支持，以及對於安通所有同仁的肯定與教誨，就像種子，撒在安通人的心裡，並且默默地萌芽。如同信疆先生曾寫下的：「我們將繼續俯首耕耘，仰首謝恩；回眸往事，放眼前程；我們歌詠讚嘆，我們傳承茁壯。」

大將軍的最後一場硬仗

馬家輝

去年的農曆大年初一，大約下午三點多，我照例從香港打電話到台北向高先生和高太太拜年；「高大哥，新年好！祝你身體健康，萬事如意！」，我照例說。

電話那頭，高信疆先生頻說謝謝，笑得很開心，但敏感的我依然察覺到笑聲已經不如去年開朗。

還好吧？我問。在北京一切順利嗎？

高先生近年主要居住在北京，到了年節日子，當然回家，但此前兩個月我們在北京見過面，那時候高先生說過身體有點不太舒服，已經減少喝酒了，可是，仍然抽煙。他有太多朋友了，來自兩岸三地四面八方，幾乎從早到晚都有人前來找他吃飯聊天，向來好客的他不愁寂寞，但亦爲此付出精力和時間，有好幾次，他對 我感嘆有點吃不消，故每隔一陣子便把手機關掉數天，算是「閉關靜養」。

這幾個禮拜在北京沒有胃口，吃不下飯，勉強吃下去便想吐，瘦了許多。高先生在電話裏說。過完年，一定要去檢查了。

高先生的癌病就是這次檢查發現的。過年後兩個月，我打電話到台北跟他聊天，他把病發始末像說故事般對我說得仔細清楚，還邊說邊笑，很能從說故事中尋得樂趣。他顯然是個愛說故事也愛聽故事的人，喜的悲的，別人的自己的，都愛。

如果我沒記錯，高先生是這樣說這個故事的：過年時他與李敖吃飯，李先生見他劇瘦卻仍未到醫院檢查，調侃他道「你的文化意識是二十一 世紀的，但你的健康意識仍然停留在十八世紀，太可笑了」；說畢，掏出手機打電話到和信醫院找相熟的醫生朋友，立即安排高先生前往檢查，並且代付十萬元體檢費用，作爲送給他的「過年禮物」。

檢查結果：末期大腸癌，癌細胞並已擴散到肝。

往下便是化療程序了。

大約每隔三四個禮拜我會打電話到台北找高先生，聽他邊笑邊說「治療故事」。眞的是邊笑邊說，電話裏的聲音，沒有太多的傷感，反而像在寫他昔日鼓吹 的「報道文學」般用盡各式細緻詞彙來描述過程細節。例如他說，化療就像戰爭，先是空襲，派飛機從高空投下炸彈，把癌細胞轟個頭昏腦脹；然後是搶灘登陸，派遣戰車和軍隊攻上灘頭，建立陣地，跟癌細胞面對面作戰；再來是巷戰，士兵在大樓和小巷之間不斷巡邏搜索，務求把敵人殺光，不放過半個。記得廿多年前讀過一篇談論高信疆傳媒生涯的雜誌文章，標題大概是「失掉了戰場的將軍」，當時我替高先生的事業波折頗有感慨，然而廿多年後的此時此刻我卻感覺，跟此前相比，抗癌之役才是高信疆這位大將軍所須面對的最嚴峻戰爭，這是一場大硬仗，他必須冷靜應戰，也沒法不冷靜應戰。

高先生是夠冷靜的，而且樂觀，他甚至自豪於能夠經常把醫護人員逗笑。他說做手術的日子，有時候要躺在床上把四肢往外張開，這是「基督教文明」的具體展現，有如上了十字架；有時候則須把手腳緊緊併攏，方便移動病床，這是「埃及文明」的身體語言，他變成木乃伊了。高先生用如同小孩子被老師稱讚的語氣得意地說，醫護人員極欣賞他的幽默感。

高先生就是這麼一位懂得悠然自處的人。他當然有發火的時候，也有抑悶的時刻，但不管順境逆境，他都爲自己在心底豎起一把理想標尺，努力朝此邁去，然後，替自己打分數。曾有一次跟他談及「性格決定命運」之類話題，高先生說，不，家輝，對普通人來說「性格決定命運」可能是對的，但對我們這類人，應該是「理想決定命運」，我們相信的，我們信仰的，我們就去做，義無反顧。

「不，家輝，應該是理想決定命運」用長居北京的八年爲例吧，到過高先生家裏的人都知道，屋內堆滿書籍和各類光碟，他替中國大陸和台北的一些企業做顧問工作，但絕非吃老本，而是不斷汲取新知識和新理念，把別人交付到他手上的案子做到最好。而在此八年，高先生也培養了一項新習慣：陪太太朗讀《聖經》。高太太柯元馨乃虔誠教徒，高信疆雖仍未全心投入信仰，但在太太的勸告和要求下，依然每天三次——早午晚——透過北京和台北之間的長途電話陪她讀經。曾有一夜在北京我和高先生喝酒到十點半，他瞄一眼手錶，道，要回家了，元馨在等我的電話。我隨同高先生回家，坐在書桌前，親眼看他拿起電話筒一句句頌讀經文並夾雜呼喊「阿門！」和「感謝主！」，聲調如此溫柔和善。

待他掛上電話，我問高先生，你是不信神的，這樣讀經會否令你覺得很不自在？

沒辦法，你愛一個人，便也要愛她選擇的事情。高先生合上《聖經》，點燃香煙，在煙霧裏緩緩地、認眞地說。而且讀經久了，我也找到了一些趣味，經文裏有許多歷史和神話，給我許多啓發。

高先生總是「元馨」前「元馨」後的，病前如此，病時更是。高先生的第一階段化療頗爲順利，癌細胞有日顯的消退蹟象，各種健康指數亦漸好轉，故他對 治療充滿信心；有一回他還笑道，有一位同齡的朋友去探望他，拍了照，僅看照片，還以爲對方才是病人。然而進入了第二階段化療，不知何故，形勢逆轉，癌細胞 急速「反攻」，令他全身，尤其右肩部分，疼痛無比，唯有依靠注射嗎啡鎮住；大將軍有了逐漸敗退之頹勢。

去年十二月我到台北看望高先生，他躺在和信醫院急診室的病床上，頭髮掉光了，但笑容仍是開朗的，細述治療的轉折過程，仍像說傳奇的「報道文學」，直至說到肉體之痛，高先生忽然眼睛泛紅道，每當痛到受不了，我便回憶跟元馨的約會過程，去哪裏看第一場電影，第一次在哪間餐廳吃飯，第一次牽手，第一次接吻……想到這些，身體便舒服得多。

高太太坐在病床旁邊，邊聽，邊笑，偶爾說一句，感謝主。

今年五月一日是高信疆和柯元馨首度約會的「四十三周年紀念」，高太太記得，高先生也沒有忘記，因此在那天高太太特地買了一個蛋糕到和信醫院六〇六號病房以示慶祝，儘管高先生已經處於半昏半醒之間，沒法進食了，但於醒來之際見到蛋糕，仍然精神一振，輕聲說了一句「好漂亮」。

四十三年前的五月一日，高信疆約柯元馨同遊新店碧潭，事前明明說好還有其他朋友，但高先生暗中囑咐朋友們提早一天出發，好讓他有機會跟柯元馨獨處。柯元馨問他，咦，其他人呢？高信疆回答，他們昨天已經來過了，今天就只有你和我。爲了應付這場約會，高先生典當了一條褲子，換來十五元，他把錢都花在 跟柯元馨坐車、吃西瓜、買斗笠上面了，而後來，有了一個家庭。今年二月中旬，高信疆受浸成爲基督徒，站在病床邊，高太太談起此事，一直瞇起眼睛，笑。

我是五月二日早上從香港飛往台北探望高先生，他仍然處於半昏半醒狀態，昏睡時，眼睛半閉，對外界似乎已無知覺，但當偶爾轉醒，半張開眼睛，嘴唇抖動，彷彿想說些什麼。教會的弟兄姐妹來看他，高先生說了一句「對不起」，他的二兒子高英軒解釋，父親一定是疚歉於沒能以最得體的儀容招呼訪客；高先生還勉力抬起左手撫摸了一下自己的頭皮，他忘記了髮已掉光，那只是慣性的梳髮動作，他向來要求自己以最佳姿勢面對別人。張大春也來了，他踏進病房時，高先生睡了，不久，突然轉醒，肯定是看見了我們，眼神忽然變得激動，同時把雙手伸前，我和大春趕緊握住他的手掌，他亦用力握了一下，是的，確是用力，而那已是他所能使出的最大和最後的力氣了。

下午四點多，我向昏睡中的高先生道別，沒料到他竟有反應，睜大眼睛，輕動嘴唇，說了一聲「你來了？」。我和高先生對看了五分鐘，他很明顯是很想說話，嘴唇一直動，但發不出聲音，良久才說出一句「謝謝」。

我用力握著他的手，回道，高公，應該是我謝謝你才對啊。

五月五日，我早已回了香港，晚上十一點四十三分，手機響起，我沒接到，稍後查聽錄音留言，是高太太的聲音：「信疆已經在九點廿四分安息了。」高先生的「元馨」代他向人間宣布了戰事終結；大將軍從此離開戰場，該打的仗，已經打完。

行雲

雲是誰的家鄉
海是誰的家鄉
我是誰的家鄉

——高上秦〈散髮歌〉

一九八八年，難得和小兒子英軒下一盤棋（蔡志忠設計「孫子兵團」）。

一九七八年
創辦《時報周刊》。
左邊的美女不是電影明星
是柯元馨。
躲在後面的是高世軒。

「與子偕遊」
一九八四年在黃石公園。
左起：高信疆　高士軒　高英軒。

一九九〇年，與大兒子士軒同上《中國男人》封面。

一九九四年，英軒（左）十七歲生日，父子三人在家合影留念。

六十歲生日

右頁／
二〇〇四年五月二十三日
「人間」副刊老同事在
台北「上海鄉村餐廳」為
高信疆預祝六十大壽，
張大春寫了一幅字送他。
左起：駱紳　余範英
柯元馨　張大春　高信疆

左頁／
前排左起：柯元馨
高信疆　張大春
二排左起：林崇漢
季季　羅智成
三排左起：駱紳
高英軒　孫密德
四排左起：余範英
王汎森　陳雨航　蘇小歡
後排：葉国時。

出航

羅盤定住南方
指針恒向於妳——
向妳
乘千重風
踏萬里浪
翩翩的向妳飛來……

卓竟一天繁星
燃起一世紀的戀情
希望昇起——
自南方
自妳深眸的海
向東尋　尋東方底嬌羞
向西尋　尋西方底熱情
渺視了七洋六洲底遼闊
展帆於長風中
展帆於星河上
翩翩的向妳
向妳飛來——

大哥：
您看我們所辦的壁報如何？依您的眼光來看，應該不應該得第一？

小弟信疆
1959.4.

一九六六年高信疆寫給柯元馨的情詩。

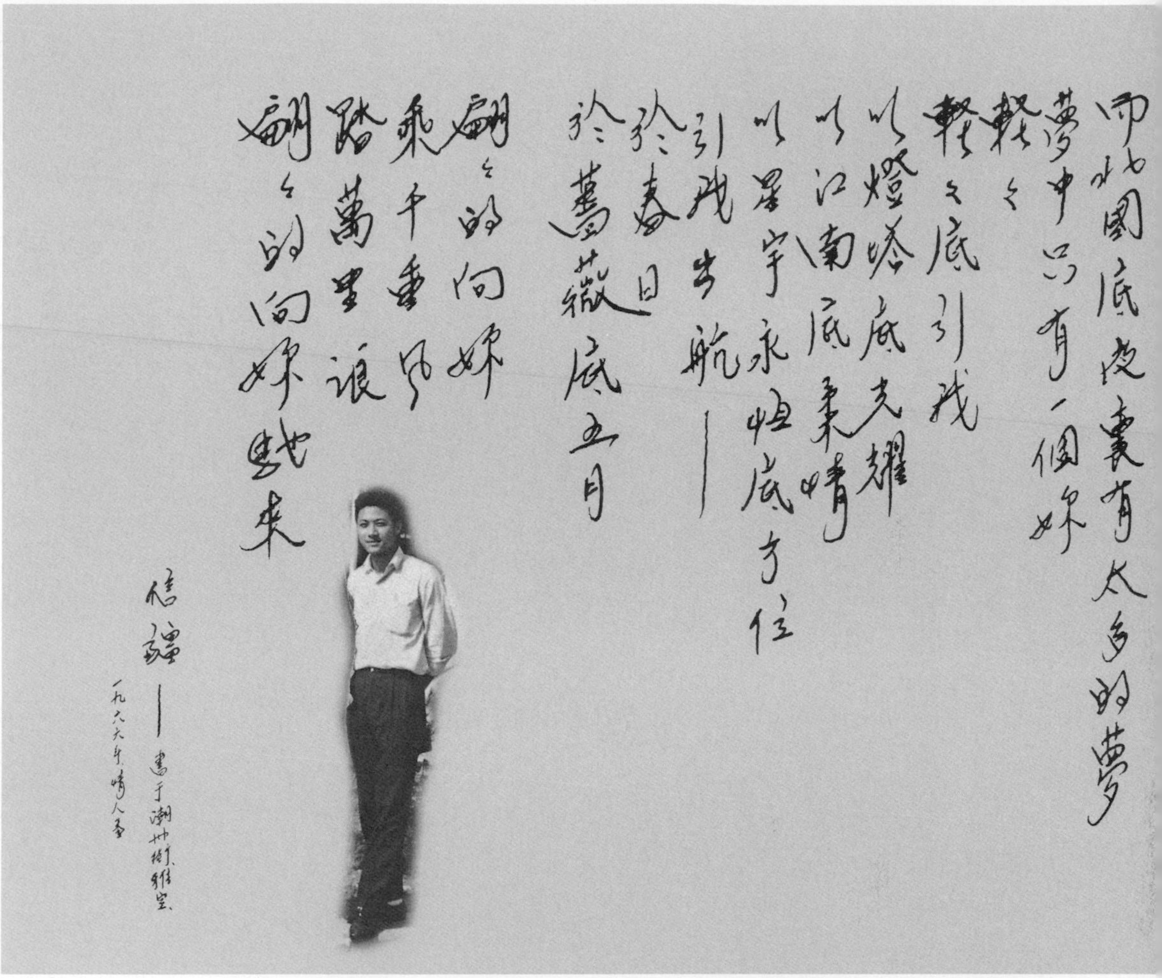
而此刻底夜裏有太多的夢
夢中只有一個妳
輕輕
輕輕底引我
以燈塔底光耀
以江南底柔情
以星宇永恒底方位
引我出航——
於春日
於薔薇底五月
翩翩的向妳
乘千重風
踏萬里浪
翩翩的向妳歸來

信疆——寫于潮州街雅室
一九六六年情人節

右頁下／一九五九年四月高信疆台中二中初三時編的壁報「國魂」。

左頁下／二〇〇五年六月士軒在舊金山寄給父親的生日卡：「縱橫港台，名滿天下，就是我爸爸！」又補了一句：「爸爸，記得要去看醫生呦!!」

縱橫港台，名滿天下
就是我爸爸！！
爸爸
祝您生日快樂
(爸爸，記得要去看看醫生呦！！)
士軒 敬上

上圖／
二〇〇四年與夫人及 MyStory 攝影團隊初履京都旅遊。

下圖／
二〇〇八年五月
諾貝爾文學獎得主高行健赴高府探望，
初恙的高信疆談笑風生，猶在暢論文化理想。

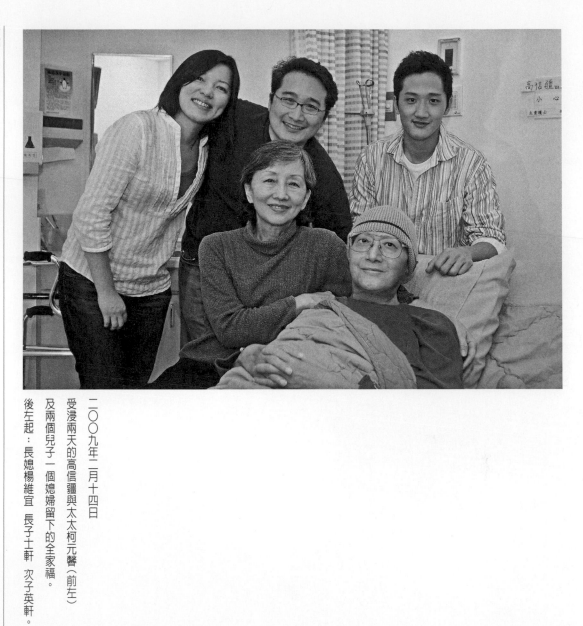

二〇〇九年二月十四日
受浸兩天的高信疆與太太柯元馨(前左)
及兩個兒子一個媳婦留下的全家福。
後左起：長媳楊維宜　長子士軒　次子英軒。

徜徉大地，海闊天空

掙扎、迷惘與突破——我的徬徨少年時

高信疆

我的摸索追尋可以說從很小就開始了。小學四年級吧，我就曾經在自家屋後的田野裡，很愼重的焚燒了一張張寫著自己名字和志願的紙條，希望老天爺明察垂愛，幫我長大，給我力氣：「打倒洋鬼子！降福中國人！」……那時候，年紀小小，行爲雖然幼稚，想法雖然偏頗，態度卻是頂認眞的。許多年以後，我才知道，原來猶太人也有類似的儀式，而且，也有一位音樂家布勞克曾經這樣的立過誓言，要以音樂爲職志，振興希伯萊精神。他後來果然在這方面有了極大的表現和貢獻。我自己卻因爲是情緒的宣洩多，理智的選擇少，所以走了許多顚沛、曲扭的道路。我的歷程，也許只能算作一個反面教材吧。

小學五年級，我們搬到台中市區，幼時的玩伴都分開了，我陷入出奇的寂寞，經常在放學做完功課後，從家裡走到中央書局去看書，直到打烊才回家。那時心中有很多國仇家恨，大概因爲家裡環境不好，而且我是遺腹子，媽媽一手將我們五兄弟和姊姊帶大，所以自小看的都是困苦坎坷的一面，使我不得不在「年幼無知」時，就開始注意「家事、國事、天下事」了。當時我常擔心家裡該怎麼辦？因爲常有人登門要債，所以覺得很痛苦；也常會想中國人怎麼辦？平日我的哥哥、母親及師長會跟我們談起北伐抗戰時的事，那些救亡圖存的故事深深吸引著我。以我父母親爲例，他們的青年時代，充滿了激昂慷慨的熱情及理想，而且一直身體力行的奉獻給國家和人群；哥哥們也愛談論一些國家、文化等的大問題，但因年輕，所以結論都很簡單，不外乎洋鬼子如何如何可惡，欺負我們中國人、大家一定要挺起脊樑，爲中國人爭一口氣……。加上我的老師喜歡談到中國歷史；民國四十幾年時的小學老師，不少是「青年軍」退伍下來的，有的很有才華，很熱情。他們常在上課時談八國聯軍、鴉片戰爭、清末的一些教案……等等國恥的記錄；而這些，在我當時的心靈上，幾乎每一樁都激起了巨大的風暴。

就在這種情況下，到了中學，對文化問題的探討不曾深入，卻特別找到了寄情於詩文的感性出口。小時候我原就喜歡背誦唐詩宋詞，到了初中，開始大量閱讀起劉大白、徐志摩、朱湘，甚至當時被查禁的聞一多、郭沫若等人的詩作。而誦讀他們的東西使我覺得似乎再感情方面找到一個寄託，我的中國情感也有了必較具體的欣賞和依偎的方向。也正在這情感澎湃的發育時期，就讀台大政治系的大哥拿了一套胡世文存給我看，說：「你覺得中國人受盡屈辱，需要拯救，你應先看看這些書。」一看之下，我的心靈幾乎崩潰，我所堅信並深愛的中國文化怎會如此醜陋、殘敗而又封建得可怕？我不願相信，可是我又沒有什麼支撐。它激起我更大的忿怒和對文化思辨的焦慮。正當此時，胡適之回到台灣，徐子明教授和李煥燊等人合寫了一本「胡適與國運」的小冊子（當時是匿名發表的），狠狠的批駁了胡適與五四運動，認為當代思想的混亂、中國的悲劇，胡適、吳虞這些人是不能沒有責任的。忽然我像是找到了救星一樣，到處介紹給朋友看。隨後，我又特別崇拜起寫「總理衙門來書」和「春秋大義」的辜鴻銘（這些都是他用英文寫成的，當時我只是讀到一些斷簡殘篇的介紹文字罷了。）覺得他不愧是中國文化的孤臣孽子，敢於在列強侵凌下，屢次以英文著述，橫議天下，為民族而挺身。漸漸的，我開始注意起梅光迪、錢穆這些人和他們的一些記載和論述了。這時我已上了高中，當時我心目中的偉大人物是錢穆先生，他創辦新亞書院為中國文化傳香火於海外，是那麼深沈有力的感動著我，也給我力氣和理由，使我困頓而沒有出路的心境找到一種安定。

爾後的再一次波濤洶湧，是我從高中跨入大學時，也正是文星雜誌中西論戰弄得不可開交的時候。李敖是我哥哥的朋友，他有才氣、文筆好，敢說敢做，似乎很不錯，但他的每一個理論都使我受到挫折，是我當時所無法接受的。我該怎麼辦？又總希望為中國人、為中國文化辯護的徐復觀先生、胡秋原先生，能夠在論戰中，多拿出點力氣，更漂亮地爭回一個道理。但我感覺他們好像四面楚歌、相當孤單。所以當時我甚至想，如果有機會，應該發起一個中國文化的十字軍運動，找出同好的年輕人，到處遊說，以西方傳教士的精神為中國文化佈道，為中國人佈道，也許可以眾志成城，在文化上重新建造起自我的尊嚴和價值。就在這種情形下，我成了大學生。

在我大一時，台灣有二種重要思潮，逐漸成為知識分子的顯學。一是文星雜誌代表的全盤西化的主張，大抵上已取得了知識階層的優勢，一些好學深思的新銳學者或青年學子，都競相標榜著「獨立思考」，以一種掙脫枷鎖的勇氣和自由，向僵化的傳統、脫序的倫範揮手道別或快意批判。這其間，以邏輯、數學、科學爲基調的「邏輯實證論」，是最大的流別。另一個就是當時混雜在文學作品中四處氾濫的存在主義的迷思。那時優秀的年輕人不讀讀卡繆、沙特、貝克特，不會跟你談祈克果、雅士培、海德格……等等，就好像沒學問、沒深度了。存在主義對人世荒謬面的無情揭發，對人生價值的究極追問，對存有與空無的深層探討，對人的行動要素的肯定等，都是極精彩動人的。但我們往往只沾染了一點「存在」的情緒，只是文學作品裡摘要式的被感染了一番而已，並未反省到它那充滿革命精神的自主意識。就是這兩種思潮的交相激盪，所謂「中國文化」，不止古舊蒼老得可憐，而且也已在疑雲四起、八方風雨中，面容斑剝，潰不成軍了……。

我從小在文化上的憂思，到此才眞正面對了一個大迷惘、大分歧的關卡。我該在何處找尋我那顆啓明之星？誰知道，挫折才正開始呢。大學帶給我的第一個困惑就是大學本身。也許是太早就接觸了五四時期的種種吧，我心中的大學形象，竟然是北大、清華那種自由的風氣，那種開放而又意興風發的氛圍；在這裡，各種不同的主張可以共聚一堂，知識與人格相互交融，同學們既可坐而論道，又可起而獻身國是，爲天下蒼生奔走呼號。可是當我走在大學道上，哪裡有這樣的氣質呢？也許應該這樣說，我個人自少年時代以來對思想文化的焦慮以及對五四時代過分的移情作用，導致我對那個時代大學形象的膨脹甚至理想化了，它使我成爲了一個現實裡的異端。一方面，因爲學的是新聞，許多老師都愛教我們如何與新聞對象建立關係，如何做好私人情誼，老師對學生的愛護是眞誠的，但卻是我的理想主義所不能接受的大學風範。另一方面，許多課業講授的都是技術或經驗層面的東西，譬如怎樣化粧採訪，怎樣記大人物的車牌號碼，怎樣寫一個新聞的「導言」……這也與我早已習慣的抽象思考或人文焦慮對不上路；再說，有的老師偶爾會談到一些思想問題，又愛趕緊跟上一句「這個你們也許不懂……」匆匆煞了車。當我和這些老師進一步探討時，我請他們爲我開書單，他們所開的，又常常不是我所希望的。其中一位曾在課堂上說過一句：「五四運動就是一群人自己不爭氣，被別人欺負了，就回過頭來在太陽的光照下，面對自己的影子出氣，怨影子怎麼這麼黑暗！」這句話深深抓住了我，下課後趕緊向他請益，他卻說沒時間和我說；後來我又一連找了他幾次，都沒有更大的開展。剛巧那時我讀張起鈞教授和吳怡合寫的一系列中國思想史的文章，談到中國文化成於憂患的部分，因為中國文化在憂患中誕生，所以講究實踐，講究人與理的形實合一，故在中國哲學史上，很多哲學家用一生的工作、獻身的熱情來詮釋一種哲學觀念，他們在理論方面留下的可能只是吉光片羽，但他們的人，已足夠當一部深厚的哲學史來閱讀了。我覺得這種觀念相當精彩，而我的教授們為什麼那麼吝於用人的行動、品德，實踐給我看看，並讓我實際體驗到中國文化的優秀層面呢？不但如此，最令我痛苦的是，幾乎大多數當時我所認識的談中國文化的人（當然我那時所認識的人實在不多），常給我一種言行不一的感受。他們的行為與義理分裂了，而且他們並不自覺。這給我很大的恐懼，我覺得不該如此，但事實殘酷地鞭打著我，使我懷疑，是不是眞的一如批評者所言，中國文化在最好的陳義上，也不過是一些違反人性的高調罷了。「聖人」自己都做不到，為什麼要來強加在一般小老百姓身上？……在這份苦悶裡，我開始傾向於逃課——我發覺學習新聞，是我的一個無心的錯誤，它與我的性格有太多矛盾了……我應該去讀哲學、中文或歷史系的，它們可能更適於我的個性。（大二以後，我眞的去旁聽了這幾個系的若干課，它們給我不少啓發，但是時遷勢易，思想的焦點已在轉移，許多事情竟不易那樣激動我了。也許，這又是人生的一個無可奈何！）可我又有點不甘心，「新聞」原本是我選擇的主要科系，我知道它對人生現世的影響有多重要，看看近代中國的改革、流變，跟新聞事業是多麼密不可分啊！我不是曾經要為中國文化佈道於天下嗎？這個工作是最好的起步。在這樣反覆思考之中，我決定了「逃課以求知」的態度——自己去讀書，在古往今來的第一流頭腦和智慧裡去找尋知音和解決吧！

也就是在這個時候，「存在主義」叩開了我的心扉。因為大學一年的各項挫折和幻滅，已經使我滿心傷痕；一種「存在的焦慮」，一種「此乎彼乎」的矛盾，伴隨著「自我之喪失」與「自我之割離」的愈益嚴重，事實上，我已在精神上初步瀕臨了存在主義哲學家雅士培所說的「限界情勢」之中了。我的痛苦又找不到傾訴的對象，於是年少時代的「感性出路」在此又為我伸出了援手：文學救贖了我潰決的理智和情感。而存在主義的文學，正是一帖最方便的解藥。原來存在就是先於本質的嘛，原本人世就已是這般的「無路可通」了，任何眞實的個體只不過是一個個陌生的「異鄉人」而已……在這裡，我飢不擇食的切入了一重重的「存在斷想」之中，在一個自足的小天地裡拾回了自我的實存。

有一天，我記得十分清楚，是大二上學期期末考的前夜，天氣像今晚一樣淒風苦雨，同學們都在開夜車，我也在圖書館看書，但是什麼都讀不下去，心情很煩，隨手翻閱了陳鼓應當時主編的「中國一周」，忽然看到一篇王尚義的短篇小說連載：「現實的邊緣」。剛一讀完他的前言，就被他感動了──「我漸漸長大的時候，我漸漸發現，我的朋友漸漸少了。我是愈活愈孤獨了。」；「日子是苦的，沒有指望，……我們掙扎，我們追求我們徬徨，我們浮流在整個時代精神幻滅的泡沫上，沒有出路。」；「我是哭著到這世界來的。但我要哭著回去！」……在那「一切都配錯了色彩，顛倒而雜亂」的背景裡，在考試的焦慮中，在我心靈最脆弱的「找不出方向」的時刻，讀罷了他的這篇小說，我眞想放聲一哭！那時，大約已是清晨五點多了。這個故事以作者和他眼中的老楊相互交錯，投映了一個知識份子在現實和理想間往返掙扎的悲劇。當我讀到王尚義所寫的「初入大學的時候，我的幻想比任何人的都更美、更高，但過了一年，幻想完全破滅，一半破滅在生活裡──大學生活並不如我想像的那般甜美可愛，一半破滅在理想上……」這豈不正是我當時活生生的寫照嗎？

那段期間，我漸漸患上了失眠症。「孤絕」、「虛無」、「死亡」、「荒謬」……這些字眼挾帶著巨大的重力一遍遍敲擊在我的思維與生活上，大二下，我的眼睛陷入極度的弱視。文化理想早已崎嶇而飄搖了，此刻，我更厭透了一切現實的活動──早先，大一時，我曾是大學裡的代聯會主席，系裡的班代表，學會總幹事，辯論社主辯，我曾投入一切少年時期待的活動，我還曾爲主張過學生參與校政（那是民國五十三年初，不是今天），而與訓導長有過爭議，也爲此辭了代聯會主席的職務，但是繁華過眼，全不是那麼回事。當我看到選舉時同學相互拉票的小動作，看到老師的暗中支配、候選人自己圈選自己的行爲（長大了，我才知道這根本是選舉遊戲的規則），看到大學學府中竟有那麼多的黨同伐異、虛偽詭詐，人們口中講著他們並不實際理解或尊敬的可貴的詞句──觸目所及，每一樁事都使我心碎，我是愈來愈厭倦疲乏了。大二以後，我決心遠離這些顛倒是非，竟也不能。就在我一次次「惡意缺席」下，好心的同學還是硬生生推舉我出來，爲系裡、學會裡或校園裡的事務去服務。那使我對自己也產生了懷疑：「你不是討厭這些嗎？爲什麼同學選出你，你也就勉強做了呢？你還眷戀這類虛名嗎？」「不不不，不是的！我還有一些文化的理想；我也不願太讓愛護我的同學失望。……」這類內心的抗爭嚴重的耗損了我。

使我跳脫出來的，還是文學。大二快結束的時候，一位建築系的朋友丟給我一本書——傑克倫敦的「海狼」。這個強調「大酵母」、大拳頭壓小拳頭的行動人「拉森」，飈悍有力的撞擊在我那徬徨無依、思行疏離的「哈姆雷特式」的憂鬱心靈中。雖然這是一部充滿「社會達爾文主義」的文學作品，但它恰如其時的打到我的痛腳上，使我怵然而驚，奮然而起。一連好幾個禮拜，我四處搜集了傑克倫敦的長短篇著作，認眞的圈點細讀。看到他筆下那些中國人的苦痛和無知，那種任人宰割的個性，眞是舊恨新痛，全上了心頭。我所愛的中國文化、中國人怎麼了？我自己究竟怎麼了？

畢竟那時抑鬱太深，生活太少，一切都還沒有成熟，我的「忠實」，卻慢慢導向一條偏激的路上。我幾乎全部退出了學校的活動，也不再與自己不喜歡的人作任何交往；我更少上課了，遇到不喜歡的課，考試只求六十分；當別人對我虛浮問候的時候，有時心中嫌惡，不忍卒聽，乾脆直接了當的頂撞回去。我成了一名「放逐者」，在外面既難與人溝通，回到家裡，也有了摩擦。可我卻以爲正在「從絕望的彼方開始」，滿心覺得自己已是一番大死後的大生了。我以爲我自己活得有了尊嚴；有了自由，可以從「觀念人」變成「行動人」了；殊不知，我依舊只是在別人的著作裡，生呑活剝了一些觀念，印證到我那畸零的生活中，刻意要用自己的行動來實踐它們——而這些，與我少年時代的理想，與我那「爲中國人、爲中國文化打抱不平」的悲願壯懷，已經是相去逾遠了。

縱使如此，它在知識上還是幫助了我。就在那段孤獨寂寞，到處築牆的日子裡，我倒眞正靜下心來，狠狠的讀了一系列學術著作。那時，我常問自己：「你是誰？作爲一個人的實存，你能做些什麼？你過去所焦慮的中國文化又眞是些什麼呢？它們的現代意義何在？你爲什麼會那麼痛苦？你的知識夠嗎？……」一連串的問號在不同的時刻不斷的壓迫著我、逼問我，使那立意要做「強者」的我，不得不在這個「看山不是山」的過程裡，重新而又嚴格的釐清自己。我首次覺悟到自身知識的貧乏和思想的困窘。

雖然，自小我就喜歡閱讀，但我年少隨著興趣和感情之所近囫圇呑棗的讀書方式，實在很有問題。當時因個性的早熟、情感的奔放，總是選擇接近自己的東西，凡與個人觀念不合的就極力排斥，或找出更多可以支持自己的理由把它壓抑下去，談論思想文化的能力，其實脆弱得很。既然不曾在問題的另一面多下心思，多作同情的思考和比對，一旦面對不同的思想體系，面對實際的學術思辯時，就不免心勞力拙、障礙難通了；像中西文化論戰時，李敖那樣結構龐大、立論尖銳，集古今中外於一爐的論證方法，是多少年積思用力捶煉出來的。我可以不贊同他，但我拿得出對等的豐富資料和現代學術的研究成果嗎？總不能老是引述方東美、唐君毅、牟宗三、錢穆……他們的話啊。痛定思痛之餘，暫時擱下了我在走向「自由之路」的「嘔吐」經驗，向我當時感情還不能同意、理智又不得不重視的「西化祭酒」殷海光的著作邁進：「邏輯新引」、「邏輯講話」、「思想與方法」、「中國文化的批判與展望」，甚至他的雜文、翻譯，都盡量收集來閱讀；連帶也看了何秀煌的「語意學」，乃至有關維根思坦的前後期哲學的介紹。從此，一個「勇敢新世界」在眼前開啓了。在現實挫折和理想挑戰之中，在個人經驗與知識反省之下，在孤燈獨對、自我煎熬之際，我既驚又奇、既愛又恨的向現代世界、向西方尋問而去，心中卻老是惦記著傳統的、中國的故情舊誼。……這個矛盾的統合，是好些年之後的事了。就青少年的發展而言，它們在我當時「困而知之」的殘山剩水裡，開鑿了一條渠道，讓我可以同時觀照了自身的兩面：傳統的我和現代的我；中國的我和世界的我；也一併教育了我，文化問題的千絲萬縷，不能祇靠單純的感情、愛心、信仰、或自我中心的理解、傳統知識的教養所堪審視或梳理的；退一步，回到個人自身而言，如何清晰思考？如何掌握語言？如何分辨是非？等等，也都使我反躬自問、獲益良深；而且，大學一、二年級的許多困惑、挫折、乃至幻滅，也因此找到了部分合理的解釋。到這時，「存在主義」與「邏輯實證論」這兩大顯學，都同時對我發生了作用。

這也是大三以後的事。這段期間，最能爲我精神帶來撫慰的，是羅素。想想這眞是一個弔詭，高中時我初看別人摘要的羅素的「中國問題」時，對他所指出的中國人的三大缺點；貪欲、怯懦和無情，深惡痛絕，認爲他這根本只是皮相之言。中國人的貪欲來自貧困，而貧困豈不正是被帝國主義政治、經濟壓榨的結果嗎？至於怯懦，義和團怯懦了嗎？十萬青年十萬軍怯懦了嗎？西方黑暗時代的那些人們，又何嘗勇毅過？所謂無情尤其無理，西方宗教戰爭的互相殘殺，晚近對殖民地的迫害，有什麼深情？羅素看到中國鄉下人對動物受殘害的無動於衷，就直言不諱了；他何曾想到，中國在連年災亂、內憂外患下，人們連自己活下去都不容易，還能奢言什麼呢？……誰知四、五年後，當我大量閱讀了羅素的著作以後，他的「西方哲學史」是同類著作中最能使我動容的一部，張易翻譯正中出版的他的「世界之新希望」，也是給我極多溫詢信念的一部書（其實是三本書的合集），他的自傳，他的「自由與組織」、「懷疑論集」、「教育論」……每一本書，都那麼清新、澄明，而又盈溢著智慧與人性之光。我的「古典困局」，到此已漸解體，要以另一種方式再組、重現了。

稍早，我在殷海光翻譯的「西方之未來」（德貝吾著）這本書中，讀到了有關旦尼列夫斯基的「歷史文化類型說」、史賓格勒的「西方的沒落」，以及湯恩比的「歷史研究」這三個歷史哲學系統的大量評介，「歷史研究」當時有「國民基本知識叢書」的三冊節譯本（鍾建閎譯），「西方的沒落」也在學校的圖書館找到一本老舊的譯介，唯獨旦尼列夫斯基的書冊或相關介紹我找不到，但是他那「俄羅斯文化上昇說」很吸引我，不得已，遂展開了俄國研究的「地下工程」。

我說：「地下工程」是因爲當時這方面的書很少，不容易找。但我還是小有收穫，而最重要的，是我看到了十九世紀在西化與傳統中掙扎的俄國心靈，「斯拉夫主義」與「全盤西化論者」之間的爭議。多麼像我們的一面鏡子啊！特別開啓了我視野的是——後來波濤洶湧的「民粹派」。這個既反對「泛斯拉夫主義」，又卑夷「歐化」的，一方面倡導「民間文學」，一方面主張「到民間去」的第三力量。當時，在我逐漸拉開距離，往返於傳統和現代之間的時刻，一股自我重建的意欲已在暗暗昇起；可是我怎樣在心中組合起這個中國與西方的異質風景呢？赫爾琴他們「民粹主義」的思考與行動，彷彿夜色裡的一盞燈，忽然爲我點亮了前路，給我一個新的理由和方向：無論西化也罷，傳統也罷，總要適合於我們今天的生活和社會吧！空間的差異，時間的距離，都可能發生問題的，而民間，正是他們唯一的考驗之地！那麼，我如果眞要對自己少年至今的理想負責的話，就讓我從擁抱此時此地的時空開始吧！

我這樣覺悟著的時候，已經是大學末期了。未來，還有一連串試煉在等著呢！

德國小說家赫曼・赫塞有一部問題小說：「徬徨少年時」，和史賓格勒的「西方的沒落」一樣，當年曾帶給德國青年巨大的沖擊。在這部小說的扉頁，赫塞寫下了這樣的句子——

「我只不過想要努力生活得
與來自我那眞實自我中的一些啓示相一致而已，

為什麼竟會這樣地艱難哪？」

那眞是艱難的歲月。我曾寫過一篇文章，叫做「聖河」。大學好比是印度的恆河，每個人都想要去洗禮一下，以便更光彩而充實的生活下去。事實上，今天的恆河早已污染了，充滿了死屍和病毒。我們進入大學這條聖河，又何嘗不是如此呢？一頂方帽子，究竟能承載幾許眞實和意義？所以我曾在那篇畢業感言裡說：「我們必須毀滅，否則將無以為生！」謹以赫塞的和我的這兩段話，作為各位就讀大學的青年朋友一個誠懇卻也艱難的警惕吧！

本文為高信疆一九八六年三月二十五日之演講記錄謝凱蒂、劉令儀整理，原刊《文海》五十期。

詩作選刊

高上秦

鷹

我是磐古掌中的一個叛逆
我是諸神永世的譴責

當我仰首，凌霄
八荒覆滅于我的翼側、我的呼吁
嘲弄著天地亙古的奧密——
千噚萬噚
我尋不到一抹孤高的顏色

當我回首，俯地
日月自我指尖凋落，江海蕭瑟
莽莽的雲煙蒼茫了何人的歸路？
天涯無涯
我是跨越無涯的一則傳說
浪跡過無奈的遼闊　冰雪凝鬚
凜冽的風霜浸透了我的雙眸……
在蒼穹最高的峯頂
我搏擊著我的寂寞

永遠的卑夷永遠的掠奪永遠的
追逐和放棄——
永遠懸掛在青空的
一片怒火
一頁悲歌

原載一九七一年五月二日「人間」副刊

大地的囚徒

那一天　當天地初次轉動盈盈的臉
我便被幽禁在歲月蒼老的額前

千年　萬年　千萬個年代
積壓成我心頭沉重的期待
風霜　雨雪　百世的浩劫
將我的青春深深掩埋

仍然記得　那混沌初開時偶然一現的藍天
仍然記得　那花草初生時臨風搖曳的悠閒
仍然記得　那年　那天
弟兄們在連天的水火中漸去漸遠的召喚

如今我囚閉在冷峻的九泉
沉思著大地的磨難
如今我垂首在記憶深處
撿拾著洪荒遺下的黑暗一片

是什麼曾在我鬱鬱的背脊
堆積著冷冷的冰雪
是什麼曾在我寂寂的眸中
塗抹著斑剝的熔岩
是什麼將我奔躍的軀體凝固成這柄無言的石劍

而我的意志依然是億萬年前的傲岸
傲岸一如這漠漠垂掛的石劍
貫穿一個不滅的宏願
——第一聲人類的足音
何時將我靜極的世界踏響！

何時
才有第一道尋訪者的微光
將我荒蕪的鬚髮照亮
那時我將醒來
舒放我心中凝聚億萬載的相思
迎接一次深邃如許的情愛
那時我將醒來
抖落滿面塵沙滿襟黃埃
伴著溫柔的燈火一盞
清涼的綠水一灣

原載一九七一年五月二十六日「人間」副刊

鷺鷥

在風中
我們飄搖似翻白的蘆荻

當我們昇起
低低的縈繞暮靄昇起
低低的星　月
映著我們的旅途
飛

寒波澹澹
染白了我們的翼

我們昇起
點數一路清唱而去的風景
山田青青　水流盈盈　修竹亭亭
吟成地闊天長的寂冷
我們看　山河的臉
淡成一縷漠漠的雲煙

我們緩緩消逝在秋水蘆花的風中

原載一九七二年四月二十八日「人間」副刊

炊煙——四種印象

第一印象

看你在落日裡
淺斟西風
便已酒意蹣跚
忘去了來時的路

看你扶著落霞
而尋　而思　而尋尋思思
暮色裡
何處是你的家

何處是你的家
天空野曠　萬木也多寂寞
看你醉臥一片雲
茫然踱過南山

你與落霞一道溶化

第二印象

當我們在爐中取出一縷暖意
你便回首而去

而去
寒冷的戶外　獨自沉吟
散長長的步　散去一些燥熱

而去 高樓那邊
遐想
垂釣遠天的雲

你的衣袂孅孅飄舉
映入灰飛時的寧靜
你的步履悄悄走過
留下火燼上的唏噓

在單調的天色間
你輕輕睏去

第三印象

一隻孤鶩
在天邊 昇起
冉冉沒入
月落的記憶

第四印象

迴繞在每家屋宇的
一聲晚禱

散髮歌

1

讓我的髮昇起
成為海 成為不定的桅檣
讓雲朵奔馳恆古的
絕望

讓海昇起 成為雲
成為諸神的漂泊
　　與悲傷
千山失路
（我在哪一座關山中踱步）
萬水迷途
（我是哪一粟蒼海裡的顛臥）
千山萬水
在我髮后飄飛

凌亂的昇起
頹然的萎墜
千萬片殘破的風景

飄飛
落日伏在我的肩頭
泣血徘徊

天涯走盡　已成灰
散髮飄盡　已成灰
故園望盡　已成灰

2

讓我的髮昇起
捲落溟漠的天色　捲起
孤帆一片　孤寒的鷗翼一片
蒼茫的碧落　何處繫泊

何處繫泊
蕭蕭的風聲裡蕭蕭的水聲
哀哀的水波上哀哀的髮波
何處繫泊

讓海昇起　流失八千里相思
天地荒涼
客心在我的髮上
淒淒的唱

雲是誰的家鄉
海是誰的家鄉
我是誰的家鄉

——五十九年四月赴港歸來，誌於台灣海峽途中
原載一九七二年八月八日龍族詩刊第七期

高信疆生平行述

柯元馨

一九四四年生。出生前三個多月父親高立德去世。上有一位姊姊四位哥哥。

一九四九年由母親高冀惠生帶領全家逃到台灣。

一九六六年文化大學新聞系（第一屆）畢業。

一九六八年進入「中國時報」，任要聞記者，專爆獨家新聞，曾被競爭對手稱爲「新聞界的紅衛兵」，內政部的新聞公關室就是在他的爆發力下成立的。

一九七〇年主持中國時報「海外專欄」，廣邀全球各地的傑出華人、學者、作家、藝術家及留學生執筆，引領風潮，普受重視。中研院院士李歐梵教授，曾在那時的「國建會」上公開說過，當年政府的海外學人聯繫工作，還不如一個高信疆來得深廣而有效。

一九七三年，他接編中國時報「人間」副刊，是唐文標筆下的一九七三年台灣十大文化事件之一。當時他提出「熱愛台灣、胸懷中國、放眼天下」的編輯理念，並以「認識自己、參與社會、反哺大眾」作爲實踐這一理念的手段，大幅度革新了報紙副刊的形式和內容。

往後，他出任或兼任了好幾個中國時報系的總編輯，包括「時報文化出版公司」、「中國時報海外航空版」、「時報周刊」，以及後來的「中時晚報」社長等職。其中，時報文化出版公司、時報周刊、中時晚報都是在他手中創辦的。一九七七年，他還出任了「現代文學」雜誌總編輯。他的種種開創，爲他贏得了「紙上風雲第一人」「七〇年代媒體英雄」等等稱譽。

他是最早把現代設計觀念引進報紙編輯作業的人，也是最早在副刊上實施「計畫編輯」、「動態編輯」和「人間參與」等主張的人，同時大量引介了學者專家，進入報紙發言，爲思想界和社會大眾打開一扇清新的窗戶。

他積極倡導了報導文學、報導攝影、鄉土文學、文化中國、古蹟維護、環境保育、敘事詩、現代化與傳統……等重大文類與議題。他把副刊從報紙附屬的地位，拉拔到主角的台前。當時「愛書人雜誌」所做的調查顯示，「人間」副刊是所有報紙中最受歡迎的副刊。當年中國時報針對大專新聞科系所作的一項調查也顯示，百分之七十五的新聞系學生，首先閱讀的是中國時報「人間」副刊，然後才是國內外新聞版面。

新加坡的「聯合早報」（當時還叫「南洋因商報」）副總編輯杜南發曾專程來台訪問他，並以三天的大篇幅報導，介紹他和他的編輯理念；馬來西亞的「星洲日報」也曾報導：「高信疆數度前來新（新加坡）、馬（馬來西亞），一而再地掀起高潮，華文報業視他爲導師。」後來新、馬一帶報紙改革，在許多方面均受到他的影響。

他不僅把編輯從被動變成主動，還從平面走向立體，舉辦了一系列的時報文學周、藝術周、文化周、作家講座、學者對談、傳統文化講座、攝影展、畫展、電影展、民歌演唱會等等。

他力邀張愛玲和鹿橋復出文壇，並發掘了洪通、肯定了朱銘、推介了陳若曦的文革小說、洪瑞麟的礦工油畫，還最早介紹、並長期支持了柯錫杰的攝影；台灣民間的歌仔戲也堂堂正正在「人間」登場。許多知名作家，如林清玄、黃凡、張大春…都是在人間副刊嶄露頭角的。他是最早重視漫畫的副刊編輯人，曾推出漫畫特輯，並訪問了手塚治虫等知名漫畫家，最早的暢銷漫畫週刊「烏龍院」，也是在他主持時報出版公司時推出的。他所主編的「中國歷代經典寶庫」套書，在報紙預約時，一個月的現金劃撥就超過四千八百萬台幣，破了當時的出版紀錄。

李敖出獄後被全面封殺，是他臨時換版，以迅雷不及掩耳的方式讓李敖復出。柏楊出獄後，他就前往拜訪，並在人間副刊上開闢了「柏楊專欄」。

七〇年代中期，他第一個在報紙上介紹因二二八事件喪生的台灣前輩畫家陳澄波，當時，那也是個禁忌。

在政治戒嚴的冰河時代裡，他扮演了某種媒體破冰船的角色；一紙副刊，彷彿成了一面思想文化的旗幟，一個社會議題的焦點，一條與官方說法風景殊異的創作大道。因此，備受打壓與圍剿。

一九八三年，他終於在政治壓力下遠赴美國威斯康辛大學，擔任訪問學者。

在二十世紀七〇到八〇年代的台灣重要文化生態與紀事中，幾乎多半都可以看到高信疆的影子。爲此，當高信疆在一九八五年主動要求自中國時報退休時，時報董事長余紀忠先生特別燒製了一個巨大的瓷盤，在公開的惜別會上贈送給他，其中寫著：「凡熟悉過去二十年台灣發展歷史的人，必知道你的貢獻。」

一九八七年，他和柯元馨邀請了台灣、香港、新加坡、馬來西亞、中國大陸等地近百位的藝術家，推出「當代中國造型象棋大展」，讓中國象棋站起來，活出現代人的風采，並曾遠赴新加坡展出，是當年華人社會的一大盛事。

一九九四年，馬來西亞「華文報刊編輯人協會」成立十周年大會，舉辦「華文報業趨勢研討會」時，只邀請了一位嘉賓做主講人，就是來自台灣的高信疆。一九九六年，他應邀出任了香港「明報集團」的編務總裁。一九九七年並在紐約創辦了美國《明報》。

二〇〇一年應香港企業家邀請，赴北京擔任「懷熙廣告公司」高級顧問並主編「京萃周刊」。

二〇〇三年四月至二〇〇九年應邀擔任「安通國際 Mystory 公司」榮譽董事。

在工作崗位三十三年期間，一九七〇年初與基督徒柯元馨女士結婚。

一九七一年八月長子士軒出生（一九八七年信主受浸重生），一九七八年十一月次子英軒出生（一九九五年信主受浸重生）。

退出工作崗位後，仍爲不同領域的團體或朋友提供服務直至二〇〇九年。

二〇〇八年二月十四日，住進和信醫院，診斷爲大腸癌並已轉移。

二〇〇九年二月十二日因信入主耶穌而受浸重生成爲神的兒女，如聖經羅馬書六張四節所說『我們藉著浸入死和祂一同埋葬，好叫我們在生命的新樣中生活行動；…』五節『我們若在祂死的樣式裡與祂聯合生長，也必要在祂復活的樣式裡與祂聯合生長；』自這日起，不再是單獨的枝子，乃是接枝到主耶穌這眞葡萄樹上眾肢的一肢體，並與眾聖徒同作基督的身體，神的家，同享天父的愛，基督作生命和生命的供應，並有在靈裡的交通。一同感謝主，讚美神，滿了平安，喜樂與聖別。

二〇〇九年五月五日二十一時二十四分在「驚人恩典」的詩歌頌讚聲中睡了，當時在和信醫院病房中有士軒、英軒、元馨及柴希文、朱錦洲、黃正一弟兄陪同下安息了。

MARK 78

紙上風雲——高信疆

The Era of Kao Hsin Chiang

作　者　高信譚　尹章義　鄭貞銘　阮義忠　陳芳明　劉紹銘　景　翔
季　季　林清玄　王健壯　王　拓　陳怡眞　焦雄屏　王汎森
瘂　弦　林崇漢　駱　紳　阿　盛　李　瑞　張香華　古蒙仁
羅智成　陳若曦　應鳳凰　董雲霞　李　敖　杜南發　老　村
邱立本　蕭依釗　吳興文　陳再藩　曹景行　程　曜　漢寶德
白先勇　許博允　何懷碩　李歐梵　高行健　黃　凡　楊　照
李瑞華　葉匡時　楊麗娟　馬家輝　高信疆　高上秦　柯元馨
編　輯　季　季　郝明義　楊　澤　駱　紳
設　計　霍榮齡
美術編輯　霍榮齡設計工作室　吳佳玲　蔣青滿
校　正　柯元馨　季　季

出版者　大塊文化出版股份有限公司
地　址　台北市一〇五南京東路四段二十五號十一樓
www.locuspublishing.com
電話（02）87123898
傳眞（02）87123897
讀者服務專線　0800-006689
郵撥帳號　18955675
戶名　大塊文化出版股份有限公司

總經銷　大和書報圖書股份有限公司
地　址　台北縣新莊市五工五路二號
電話（02）89902588
傳眞（02）22901658
印刷廠　中原造像股份有限公司
特別感謝　楊麗娟　葉匡時的出版贊助
法律顧問　全理法律事務所董安丹律師
初版一刷　二〇〇九年八月
定　價　新台幣三五〇元
ISBN 978-986-213-137-4（平裝）Printed in Taiwan